后浪出版公司

PERSUASIVE COPYWRITING

USING PSYCHOLOGY TO ENGAGE, INFLUENCE AND SELL

如何写出
高转化率文案

[英] 安迪·马斯伦 著

Andy Maslen

邱匀 译

中原出版传媒集团
中原传媒股份公司

大象出版社

· 郑州 ·

我将此书献给　我的妻子乔，
一位有才华的作家，当之无愧的销售权威，
也是我这艘船不惧风暴的龙骨；

也献给　亲爱的读者们，
因为假如没有读者，书籍便毫无意义。

目　录

序言一：神经科学家的提问 ⋯⋯⋯⋯⋯⋯⋯⋯⋯⋯⋯⋯⋯⋯⋯ 1

序言二：文案及其商业地位 ⋯⋯⋯⋯⋯⋯⋯⋯⋯⋯⋯⋯⋯⋯⋯ 3

如何使用这本书 ⋯⋯⋯⋯⋯⋯⋯⋯⋯⋯⋯⋯⋯⋯⋯⋯⋯⋯⋯⋯ 1

如何像天使一样写作，像魔鬼一样销售 ⋯⋯⋯⋯⋯⋯⋯⋯⋯⋯⋯ 1

第一部分　情绪比理性更重要：
挖掘客户最深的内在驱动力

第一章　利用文案诉诸情感的力量来说服你的潜在客户 ⋯⋯⋯⋯ 3

简介 ⋯⋯⋯⋯⋯⋯⋯⋯⋯⋯⋯⋯⋯⋯⋯⋯⋯⋯⋯⋯⋯⋯⋯⋯ 3

如何传达你的情绪 ⋯⋯⋯⋯⋯⋯⋯⋯⋯⋯⋯⋯⋯⋯⋯⋯⋯⋯ 5

如何处理"乏味"的主题 ⋯⋯⋯⋯⋯⋯⋯⋯⋯⋯⋯⋯⋯⋯⋯ 6

引入稳态情绪和目标情绪 ⋯⋯⋯⋯⋯⋯⋯⋯⋯⋯⋯⋯⋯⋯⋯ 9

19 种情绪和 110 个触发它们的单词 / 短语 ⋯⋯⋯⋯⋯⋯⋯⋯ 9

主宰所有情绪的情绪 ⋯⋯⋯⋯⋯⋯⋯⋯⋯⋯⋯⋯⋯⋯⋯⋯ 10

情绪的层级 ⋯⋯⋯⋯⋯⋯⋯⋯⋯⋯⋯⋯⋯⋯⋯⋯⋯⋯⋯⋯ 16

如何使用诉诸情绪的语言进行交流 ⋯⋯⋯⋯⋯⋯⋯⋯⋯⋯⋯ 16

从理论到利润 ⋯⋯⋯⋯⋯⋯⋯⋯⋯⋯⋯⋯⋯⋯⋯⋯⋯⋯⋯ 18

测试你的知识 ⋯⋯⋯⋯⋯⋯⋯⋯⋯⋯⋯⋯⋯⋯⋯⋯⋯⋯⋯ 19

练习 ⋯⋯⋯⋯⋯⋯⋯⋯⋯⋯⋯⋯⋯⋯⋯⋯⋯⋯⋯⋯⋯⋯⋯ 20

第二章　在盈利前你应该使用的三大想法 ⋯⋯⋯⋯⋯⋯⋯⋯⋯ 22

简介 ⋯⋯⋯⋯⋯⋯⋯⋯⋯⋯⋯⋯⋯⋯⋯⋯⋯⋯⋯⋯⋯⋯⋯ 22

用承诺来激发情感 ⋯⋯⋯⋯⋯⋯⋯⋯⋯⋯⋯⋯⋯⋯⋯⋯⋯ 23

用于解锁读者情绪的秘密代码 ⋯⋯⋯⋯⋯⋯⋯⋯⋯⋯⋯⋯ 28

为什么故事有效，以及如何讲述故事 ⋯⋯⋯⋯⋯⋯⋯⋯⋯ 32

从理论到利润 ———————————————————————— 44

测试你的知识 ———————————————————————— 45

练习 ——————————————————————————————— 47

第三章 让客户产生共鸣 ——————————————————— 50

介绍有效文案的五个 P ————————————————————— 52

创建客户的角色形象 ———————————————————— 53

复制一对一对话的感觉 ———————————————————— 55

忘记文案，尝试疗愈 ———————————————————— 58

写好文案无须键盘 ————————————————————— 63

从理论到利润 ———————————————————————— 66

测试你的知识 ———————————————————————— 67

练习 ——————————————————————————————— 69

第四章 恭维是无所不能的 —————————————————— 72

简介 ——————————————————————————————— 72

没有人会被恭维打动……也许他们会呢？ ———————— 74

从理论到利润 ———————————————————————— 80

测试你的知识 ———————————————————————— 81

练习 ——————————————————————————————— 82

第五章 诉诸情绪的文案：源自古希腊的秘密 ————————— 84

简介 ——————————————————————————————— 84

三种方法：信誉证明（Ethos）、情感证明（Pathos）、

逻辑证明（Logos）————————————————————— 89

从理论到利润 ———————————————————————— 91

测试你的知识 ———————————————————————— 91

练习 ——————————————————————————————— 92

第六章 社交媒体上的文案撰写与读者联系 ————————— 93

简介 ——————————————————————————————— 93

社交媒体的八个方面 ———————————————————— 95

社交媒体的十条规则 ———————————————————— 96

社交媒体与内容营销 ———————————————————— 100

为移动设备和社交媒体写作：极简文案（UBC）的艺术 ———————— 102

从理论到利润 ———————————————————————— 109

测试你的知识 ———————————————————————— 110

练习 ———————————————————————————— 111

第七章 是的！我想要能让你下订单的最佳忠告！ ——————— 114

简介 ———————————————————————————— 114

26 种用户行为召唤（call to action） ——————————————— 116

从理论到利润 ———————————————————————— 122

测试你的知识 ———————————————————————— 123

练习 ———————————————————————————— 123

第二部分　愉悦的原则：
使你的写作更愉快、更令人信服

第八章 文案写作者的五种让人愉悦的技巧 ———————————— 127

简介 ———————————————————————————— 127

如何让你的文案读起来令人愉悦 ————————————————— 129

重复能强调你的观点 ————————————————————— 135

七种文案陷阱及如何避免它们 ————————————————— 137

从理论到利润 ———————————————————————— 142

测试你的知识 ———————————————————————— 143

练习 ———————————————————————————— 144

第九章 如何使用想象力、释放创造力 ———————————————— 147

简介 ———————————————————————————— 147

第一个问题：人的想法是如何进入潜意识的？ ————————————— 148

第二个问题：如何让想法从潜意识里走出来？ ————————————— 149

获得创意的实用工具 ————————————————————— 154

另一种方法：文字游戏 ———————————————————— 155

另一种方法：共鸣 —————————————————————— 155

另一种方法：语言精确度 ——————————————————— 156

从理论到利润 ———————————————————————— 161

测试你的知识 ———————————————————— 162

练习 ———————————————————————— 163

第十章 发现你的声音（和其他人的） ——————— 165

简介 ———————————————————————— 165

如何修改你的语调 —————————————————— 172

五种简单的工具，可以让你拥有完美的语调 ————— 177

从理论到利润 ——————————————————— 177

测试你的知识 ——————————————————— 178

练习 ———————————————————————— 179

第十一章 判断语法何时在文案中是重要的 ————— 182

简介 ———————————————————————— 182

关于语法重要性的两种观点 ———————————— 184

你是诗人还是杀手？ ———————————————— 189

从理论到利润 ——————————————————— 193

测试你的知识 ——————————————————— 194

练习 ———————————————————————— 194

第十二章 为销售宣传注入生命力的古老方法 ———— 196

简介 ———————————————————————— 196

戏剧在文案中起作用的六种情况 —————————— 198

如何通过三个简单的步骤来完成 —————————— 199

什么时候使用图片取代文字 ———————————— 203

图片为文案增加价值的七个地方 —————————— 205

关于图像，你需要问自己的三个问题 ——————— 207

从理论到利润 ——————————————————— 208

测试你的知识 ——————————————————— 209

练习 ———————————————————————— 210

附录 "测试你的知识"答案 ——————————— 212

致谢 —————————————————————— 221

序言一：神经科学家的提问

　　让我从提问开始吧：你有能力做一个真正客观的决定吗？我是指，一个完全不受情感影响的，只是基于对客观事实的冷静判断而做出的决定。"当然了！"你可能会这样说，还略感被冒犯，"对于足够重要的事情，我可以做到完全理性，决不允许自己被感受这种肤浅的东西所支配。"抱有这种想法的，并非只有你一个人。

　　然而，就这样对情感置之不理是否有些草率？毕竟情感是自我的一部分，并且在进化的过程中变得更强也更复杂。这便表明，情感必定也赋予了人某种优势。这种观点的内在逻辑是南加利福尼亚大学神经科学教授安东尼奥·达马西奥（Antonio Damasio）[1]多年来主张和试图证明的。

　　达马西奥教授的主要假设是，动物（包括人类）之所以进化出情感，是为了增强对于特定事件（例如危险事件）的直接经验，从而增大存活概率。举例来说，当你被熊追赶时，如果你不仅仅是理性上知道"那只熊想要吃掉我"，同时还感到恐惧，那么你很可能会跑得更快些。对于积极正面的情绪而言，也是如此。人类在不断地评估自己对于不同情境和选择的直接经验与反应，而情绪和感受对于确保我们做出正确、有效的决定起到了至关重要的作用。

---

[1]　安东尼奥·达马西奥（Antonio Damasio）：葡萄牙裔美国神经科学家，南加利福尼亚大学多恩西弗（Dornsife）学院神经科学教授。他撰写了多本关于意识、情感和神经科学等主题的著作。

这一至关重要的存活系统中存在一个漏洞，那就是我们易受外界影响。也正是基于此漏洞，精彩的文案有机会引导读者的观点，从而让读者做出"感觉正确"的购买选择。在本书中，作者安迪·马斯伦（Andy Maslen）提供了用文案影响购买选择的一些策略和方法。

这是某种"头脑控制术"吗？绝对不是。作为一名神经科学家，我对于人类大脑的复杂性心怀敬意，不认为它可以像超市手推车一样任人操纵。但用对了措辞，讲对了故事，你便可以解锁那些读者自己都不知道的欲望与兴趣。

有一点值得铭记于心，那就是人类倾向于对合意、正面的信息投以更多注意力，同时实用主义地忽略一切我们不想听到的事情。这就意味着，相比叙述有潜在不利影响的文字，那些描绘美好前景的文字更容易吸引读者的注意力。显然没有广告撰写人会提到不利的那面，但社交媒体或购物网站的评论者可能会这样做。

有时，了解我们真正的感受是困难的。在这种情况下，西格蒙德·弗洛伊德（Sigmund Freud）建议扔硬币来决定——并非盲目追随硬币所示的结果，而是"看看自己的反应，来帮助你认识内心深处的真正感受"。文案撰写者的工作，则是确保在拇指指尖夹住硬币边缘将其旋转到空中之前，读者的内心早已做出了"正确的"决定。

西昂·刘易斯（Sian Lewis），神经药理学博士

序言二：文案及其商业地位

在以往，文案是一个容易定义的概念。它是指你在新闻广告、直邮广告、小册子、海报和商品目录中所读到的文字，以及在电视上看到、在广播中听到的广告文字。总而言之，文案是指可以增加产品销量的文字。当然文案还有其他定义。有的在不断兜圈子——文案是由广告文字撰写者所撰写的文字；有的显得有些功利主义——文案是任何致力于获得结果的写作；有的则是概念艺术——文案是行为改变剂。然而，我认为，以上定义中没有任何一种能够接近于囊括当代文案所涉及的丰富多样的渠道、方法和目的。

现今，文案已经包括：能引导程序机器人以获得搜索引擎高点击率的算法驱动过程；博客和社交媒体更新中所隐含的用户关系建设；网上研讨会和应用程序内视频的脚本编写；以及那些无处不在的、野火烧又生的邮购目录、电子邮件群发和网站登录页上的文字。此时，我们应当如何定义文案呢？

为了让定义成为可能，我们应当避免对于当今文案所涉及的多样化的渠道和媒体、（在某一时刻）实现交易的顾客群体，以及各种从属营销活动的特定对象做严格的限制。相反，我们应当专注于文案本身所提供的潜在益处。

灯泡时刻：文案是使用书面文字建立、维护和深化可获利关系的商业行为。

我们可以解析这个句子，来检测它是否成立。

- "商业行为"——这将文案放在了交易与买卖的场景里，符合全球商业的基本原则。

- "建立、维护和深化"——这覆盖了几乎所有商业的常见阶段，包括新增客户、维护客户和向上销售（说服客户购买额外或更昂贵的产品）等。
- "可获利"——因为所导致的结果只有是可获利的，才是有价值的。
- "关系"——与以往任何时期都不同，自从发明电报以来，我们便生活在一个商业针对个人的时代。是的，我们如今拥有众多的交流渠道，但最关键的媒介是电子邮件，紧随其后的是社交媒体；而这两者都是针对个人的，一对一的关系。
- "使用"——文案只是一种工具，一条导向结果的路径。与新闻报道、小说或参考资料不同，文案撰写者所写的文字本身没有价值。
- "书面文字"——无论使用哪种语言，文案都是根据一定规则创作出来的，凭借精湛的遣词造句和标点使用——而非身体语言、语调或眼神接触——来以理服人、以情感人。

以上可以算是一个合格的定义了。但文案在当今商业中的地位是怎样的呢？

互联网是如何改变文案写作的

在这里，我们应该审视互联网对商业的影响。在探讨互联网如何改变文案创作者的世界时，我们面临三种基本的哲学观点：

1. 互联网颠覆了——事实上，是彻底改变了——一切。一切都不同了；我们曾经知晓的一切现在都变得无关紧要。这是勇敢的新世界。
2. 互联网没有改变任何东西。人还是同样的人。人的大脑还是同样的大脑。我们推广的产品还是同样的产品。这是舒适的旧世界。
3. 互联网改变了文案的呈现和消费方式，但是决定文案如何影响人的潜在心理原则没有变化。这是穿上了漂亮新衣的旧世界。

我坚守第三种态度。通过写作来改变读者的思想、感受和行为，这仍然是文案写作者的目标。这就需要用到传统文案写作的优势，包括移情、影响和说服的能力。但新的技术带来了额外的好处。

超文本是真正令人兴奋的，它允许我们向文案的阅读者提供不同的选项，包括阅读内容及阅读顺序，读者也可以不必读他们不感兴趣的内容。假如没有最后这个分句的话，你也可能正在描述一本目录。搜索改变了人们可能读到的我们撰写的销售文字的方式，因此在一段时间内，似乎吸引搜索引擎成了文案创作的主要目标。多媒体的出现允许我们不仅仅通过文字，还通过音频、视频来加强及呈现我们的文案。但文案仍然需要写作。

网络或手机文案的消费者是哪些人？

我们需要为网络和其他数字渠道（如手机）撰写不同的内容吗？还是说，本书的理念是具有普适性的？嗯，这取决于你对人性怎么看。

如果你认为地球上存在两种不同的人种——人类和"网络用户"——那么是的，据我所知，你很可能需要为网络写出不同的内容。另一方面，如果你像我一样相信地球上只有一类人种，那么不，你无须改变你的写作方式。

你的阿姨莎拉可能此刻正在上网，所以我想我们可以将她称为一位"网络用户"。但是，当她下线并在商业街上购物时，她是否不再是一位"网络用户"而变成了一位"店铺用户"？我想并非如此。

莎拉的需求不会在她上网或手指划过平板的那一刻发生改变。实际上没有任何人的需要会这样改变。人类的动机唯一可靠和无异议的模式是由亚伯拉罕·马斯洛（Abraham Maslow）提出的。

马斯洛的"需求层次理论"把需求分成：生理需求，如食物、空气和睡眠；安全需求，如住房和治安；爱的需求，如归属感和人际关系；尊重的需求，包括自尊与得到他人的尊重；以及通常所说的自我实现的需求，如过一种有道德的生活、寻求个人成就与满足。

上述需求中没有任何一个是被人们搜索的渠道所满足的。这些需求只能够被搜索的内容所满足。

所以，莎拉可能刚刚搬到新的城镇，正在寻找合适的舞蹈课。在过去，她可能会去当地图书馆的布告栏里找相关讯息。而现在，她很可能在网上用谷歌搜索"萨尔萨舞蹈课 纽敦（Newtown）"。但我的观点是，她正在寻找能够满足她结交新朋友、成为某个团体的一员、感到健康快乐等需求的舞蹈课。而所有这些需求都早在互联网出现之前就已经存在了。

莎拉的在线阅读习惯是怎样的？她的阅读方式是否产生了变化，是否需要不同的文字来引发阅读兴趣？有些人会认为答案是肯定的。我们被告知，网络用户习惯于浏览，所以要使用小标题。好吧，这个建议不算糟。但在下面两种情况中，哪种更有可能？

- 在 20 世纪 90 年代中期发明互联网后，人们创造了一种新的阅读策略，即"浏览"，通过屏幕获取信息。
- 在 20 世纪 90 年代中期发明互联网后，人们使用了一种名为"浏览"的、本就早已存在的阅读策略，来通过屏幕获取信息。

浏览很可能起源于有能力环顾周遭环境并识别出威胁的那类人所带来的进化优势。如果你比邻居更能识别出周围想要吃掉你的威胁物，那么你就更可能把基因传递给下一代。

将人类历史浓缩成一句话：原始能力进化成为一种策略，从书面文字中挑出相关内容。

所以不。更重要的是写出读者认为"相关"的文字。只要文字保持相关性，读者就会持续地投以注意力。这就解释了小说的长盛不衰——据我所知小说可是不怎么用小标题的，即使是 Gasp 的电子书形式也不例外。

我写这本书是建立在这样的假设之上的：我们推销或想要说服的对象是

人类。人类喜爱故事。他们受情绪驱动。他们喜欢榜样。他们有好奇心。这些是我们必须利用的杠杆。这本书中介绍的技巧将帮助你做到这一点。至于在哪里投放文字，你可以自由决定，这并不会对客户产生很大的影响。

内容营销的兴起

在写作领域，内容营销这一主题很引人注意。简单地说，内容营销是指无偿提供有用的信息，希望人们能够找到该产品，进行消费，信任信息提供者，并且再次下单。当然我们也完全有可能是在培训我们的潜在客户来获取免费信息，并且仅仅是获取免费信息。

然而，各种规模和形式的组织机构都在努力发布博客文章、报告、演示文稿、视频和播客，他们就像苏维埃时期拼命完成生产配额的俄罗斯拖拉机工厂一样斗志昂扬、热情满满。并且这些内容中的大部分都是由文案撰写者所写，尽管内容专家（通常有在编辑出版或新闻领域工作的资历）也会进行这方面的工作。

内容营销与文案营销一样吗？共识似乎是，即使两者都是由文案撰写人制作的，但它们并不相同。就好比说，你家装修工人种植的花坛，和备用卧室当然不同。但两者真的是泾渭分明的吗？假如内容营销持续地并且明显地无利可图，它还能存在下去吗？在与财务总监们就这个问题做了探讨之后，我认为答案是否定的。事实上，内容营销似乎完全吻合我对于文案所做的定义。内容营销与它的所谓更具掠夺性的兄弟姐妹有着相同的目标，即：建立、维护和深化可获利关系。文案和内容之间唯一真正的区别是题材。两者的意图、结果和商业理由都是一致的。

间接形式的文案

我们中那些受过直接营销教育的人，被反复灌输这个原则：显著的、可直接归因的结果是最重要的。我自己作为一名文案创作者所受到的培训，就包括每天早晨帮助客户打开邮件，计算获得了多少订单——就是这么直接。感谢现在很便宜（有的甚至是免费）就可获得的分析工具，评估结果变得前所未有的简单。

但是那些我们可以称之为间接形式的文案呢？所有那些有文字出现在客户和潜在客户面前，但没有任何用户行为召唤（call to action）的场所呢？商品包装材料，汽油加油泵，海报，公共汽车车身，酒吧里的纸巾，沙滩伞。一定有人会争辩说，策略性放置的 QR 码（二维码中的一种）会使每份文案都可被追踪，但现实中这并没有发生，至少至今还未发生。但这种简介形式的文案写作依然有其意义。我倾向于相信，公司对这样的理念抱有信心——只要有机会与客户交谈，这个机会就值得把握，即使其影响无法被衡量、只能凭想象。

当我们和员工谈话时，我们做什么

无论是专家还是通才，许多文案创作者都时常遇到所写文案是为了给公司的雇员而非客户阅读的情况。这种情况下的文案并不是销售文案。但此时我们正在努力增强雇主和雇员之间的关系。如果这样做会导致更高的生产力、更低的员工流动率和工作中的更多创造力，这肯定也算符合文案的定义吧？

雇员手册、就业合同、生育准则、培训手册——如果处理得好，所有这些沟通都能够利用读者的兴趣并影响他们的行为。

另外，也存在着针对潜在员工的沟通。人力资源营销领域还存在一个术语——"雇主品牌"。简单地说，这仅仅是指我们如何与可能想为我们工作的人交谈。因此，它包括从招聘广告到职位描述和申请表格的一切。所有这一切再次能够被合理地整合到"文案"的定义中。

案例研究　Lidl 超市的新闻广告

　　低价连锁超市 Lidl 的这则新闻广告是有力的，因为两方面的原因：一是这则广告背后的研究清楚地找到了竞争对手是如何匹配自家价格的；二是这则广告使用了一种令人觉得好笑的、有些恬不知耻的语气。

　　阅读广告的任何人，无论他们是不是这两家超市的顾客，都会对为获得匹配价格的折扣券而试图让自己满足所有繁复要求所产生的挫败感感同身受，并且不禁笑起来。

　　虽然广告文案撰写者可能对真相做了一些添油加醋的描述，但他们终究只是写下了顾客为了获得匹配价格所必须经历的一系列步骤而已。这个主意并不高深，却很出彩。

Morrisons 超市找到匹配 Lidl 超市价格的办法了！

- 登录 Morrison 的网站
- 找到新的会员卡方案页
- 创建你的网上账户
- 第一次输入"容易记住"的密码
- 再一次输入"容易记住"的密码
- 填写某些"不重要的个人信息"，诸如姓名、邮箱和邮编
- 记得撤销对"你想要收到垃圾邮件吗？"的默认同意勾选
- 填写更多"不重要的个人信息"，诸如邮编（是的，邮编又一次出现了）、出生日期、手机号码，并且需要再次确认你的确是你所认为的那个性别
- 填写你家里有几口人，并且从长得似乎无止境的清单中选出你的饮食要求

- 申请一张会员卡
- 等待收到卡片
- 再次登录你的网上账户
- 试图回忆起你的"容易记住"的密码
- 输入 19 位的会员卡卡号
- 重新输入正确的 19 位会员卡卡号
- 发现价格差是以积分的形式给的
- 了解 1 便士等于 10 积分
- 然后发现只有当账户里有 5000 积分时才可以获得优惠券
- 开始心算，并计算出 5000 积分等于 5 英镑
- 去附近的 M 家超市，被告知会员卡在该店无法使用
- 再去找一家大型 Morrisons 超市
- 发现必须购买一件与其他超市完全相同的商品才能获得优惠
- 挑选了一些豆子，但被告知不符合要求
- 尝试寻找符合要求的豆子
- 默默思量不知道香肠豆子算不算呢
- 寻找其他符合要求的商品，以便凑满 15 英镑的最低消费额
- 最后，在全额付款之后，获得 5 英镑的优惠券
- 被告知这 5 英镑的优惠券得下一次购物时才可以使用

或者，你可以直接来 Lidl 超市购物。

执行创意总监：Jeremy Carr

创意团队：Dan Kenny，Matt Deacon，Ben Fallows

TBWA 伦敦

全球化和广告文案的衰落

有一个领域的文案比以往任何时候都更不显眼，那就是覆盖性的宣传广告（above-the-line）或品牌广告。尽管曾经汇集了全球文案天才的纽约麦迪逊大街和伦敦夏洛特街仍然熠熠生辉，广告作为作家——而非创意工作者——的媒介，却已经一蹶不振，无可救药。这在一定程度上是由全球化驱动的。随着跨国公司努力降低成本，他们开始制作国际或全球的广告方案。一时之间，所有与国家或地区关联的文化都被丢弃。要让不同国家的客户领会所谓的文化意义太吃力不讨好了。

将文案取而代之的，是具有视觉冲击力的图像加上乏味描述句。或者，包装后的特写镜头加上双关诙谐语。在这类风格的广告中，汽车行业的广告是我最喜欢的范例了。这一点儿都不令人称奇——想想生产汽车那令人目眩的成本，新市场进入者的激烈竞争，以及漫漫历史长路上散落着的各种品牌锈迹斑斑的残骸，包括帕卡德（Packard），萨博（Saab），皮尔斯–箭（Pierce-Arrow），悍马（Hummer），罗孚（Rover），杰傲（Geo），Sunbeam，英国利兰（British Leyland），还有德劳瑞恩（DeLorean）（但德劳瑞恩至少因为《回到未来》系列电影而永垂不朽了！）。

这个预测可能略显悲观了些。毕竟打开任何杂志或报纸，你仍然会找到由文案主打的广告。在这本书中，我也尝试着提到了一些，以此来提醒自己：泛泛而谈地说广告文案写作已死——如马克·吐温所说——是"过度夸张"了的。

不断跳动的心

然而，除了这种可感知到的、非常具体的衰落之外，文案写作的艺术和科学仍有其生机勃勃的一面。无数窗户清洁工、瑜伽老师、当地律师和文身店都有自己的网站，填满这些网站每一页的是文案。大型公司会组建20人的内容营销团队，创建博客文章、推文和信息图表的是文案。当慈善组织为了应对这种疾病或那种自然灾害而发起募捐时，决定筹措资金多寡的也是文案。

为什么呢？为什么说服性的写作（文案写作）仍与我们同在？是否因为它是高效的？它能够简洁地传达复杂的命题，供人们在智能手机上阅读。是否因为它是有效果的？它能够打开数千英里外人们的皮夹和钱袋。是否也是因为，与最终的回报相比，它是物超所值的？我猜想所有这些都是答案，并且还有更多的原因。

文案写作的本质，是去理解别人的感受，并向他们展示他们可以过的、与他们正在过的生活不同的另一种生活。一种更好、更丰富、更充实的生活，一种远离焦虑，怀疑和不安全感的生活；一种将所有问题最小化或完全解决的生活。

现在的问题是，如何将文案创作得更好。

如何使用这本书

章节结构

本书的每一章都遵循标准化的结构。

简介：在这里，我介绍技巧或想法，并给出一些背景知识，帮助你了解接下来的内容。

主要部分：充实某个想法，向你展示如何把它付诸实践，给出好的文案写作与不好的文案写作的例子。取自真实营销活动的案例研究可以让你了解好的文案写作者是如何做的。我尝试给出怎样的文案是有效的及它们为什么有效的指标，但正如你可以想象的那样，公司在分享敏感的销售和其他性能数据时总是十分谨慎。

章节总结：

从理论到利润：邀请你思考如何将这一章中的想法应用于你自己的业务上，应用于你自己的文案写作中。

测试你的知识：这是一个小测验，看看你掌握了多少。通过小测验，你有机会复习所学到的，并重新检查关键点。在本书的最后给出了全部答案。

练习：有实用价值的文案练习，可以用来实践我所讲述的内容。为什么不把它们整合到你当前的工作中去，以充分利用你的时间呢？

图标

在整本书中，你会看到一些图标，这些图标给出了快速指示：

试试这个。你现在就可以尝试的一个实用的想法。

灯泡时刻。如果在这个部分中你只能带走一样东西，那就是这个了！

蜥蜴。吸引"蜥蜴大脑"（大脑边缘系统）的技巧或要点。

佳作／反例。坏的和好的文案的例子。出于显而易见的原因，不好的例子是假设的（尽管通常基于作者收到的真实文案）。

词汇表：如果你遇到一个陌生的词，很可能可以在词汇表里找到它。如果没有，请给我发个推！

索引：如果你想快速查找某些内容，请翻到索引页，并找到关键字，然后转到相关页面。

寄件人：安迪·马斯伦（Andy Maslen）
收件人：你
主题：感谢您购买本书

像我一样，你已经意识到了文案要做的绝不仅仅是列举出某样东西的优势，甚至也不仅限于把你的潜在客户真正想要的东西描述出来。

作为写作者，我认为我们必须接受的是，在开始写作的那一刻，我们就与可以一直追溯到史前时期的讲述故事的传统发生了连接。因此，我们也必须承认，我们不仅可以从扎根于"最佳营销实践"的写作方式中学习，也可以从丰富的、不是扎根于"最佳营销实践"的写作方式中学习。

所以，当我写这本书的时候，我的目的是深入探讨影响背后的心理学，深入探究讲述故事的节奏和韵律，深入探索世界上有史以来最伟大的传播者对观众所产生的影响。

本书不是文案写作的入门书。本书是基于这样的假设之上——你已经知道产品的功能（feature）与产品带给用户的利益（benefit）之间的区别；你意识到了使用主动语态的好处；你相信消费者的推荐对于销售文案的重要性。（如果事实并非如此，那么你应当在其他地方寻找有关这些基本要点的指导。）

首先，我想阐明这样一种观点：在文案写作领域，心理学能够教导我们的，要比文学能教我们的更多。在我作为一名文案写作者的职业生涯中，我观察到自己的兴趣从语言机制逐渐转向了关于动机和影响的机制。是的，我对妥帖安置每个词、句子和段落都还是很在意的，但这种能力现在或多或少已经成为一种本能，并且我不认为使用"哦"而不是"哇"会产生太大的区别。

但是，这本书并不能取代任何你早先从我或者你的其他老师那里学到的东西。我设计了一套全新的练习，让你练习使用、应用并完善我所讨论的技巧。

像往常一样，你可以在我们领英（LinkedIn）的群"安迪·马斯伦文案学院"（The Andy Maslen Copywriting Academy）里发表评论和提出问题。也可以在推特上向 @Andy_Maslen 发推，记得使用 #HeyAndy 这个标签哦。或者你也可以在线上给我发信息。

好了，让我们开始吧。

您的为了更具盈利能力的文案创作而努力的

安迪·马斯伦 IDM

如何像天使一样写作，
像魔鬼一样销售

> 是的，这是最糟糕的部分。我们安静地思考、冷静地做决定，然后依然被情绪牵着鼻子走。这毫无道理、令人绝望。
>
> ——乔治·艾略特《亚当·比德》（*Adam Bede*）

你是一位文案创作者。你写下文字、编排格式，而几乎每一位读者都将立即以冷漠、毫无兴趣或彻底反感来回应。你的目标是改变他们思考、感受和行动的方式。你通常希望他们花钱。

如果这还不是一个足够艰难的挑战，还有更糟的。因为我们大多数人都被教导了一种错误的写作方式。在我们的整个高等教育和职业生涯中，我们的每一位教师、指导者和管理者都教导我们应当忠于事实。他们坚持，没有什么比不停堆积证据更能说服人了。只要有逻辑地以理服人，读者便必然会被说服。

然而，即使对我们迄今所做的努力进行最短暂的思考，也能发现这种做法是完全错误的。有多少次你感觉到自己在尖叫："你竟然敢不同意我？！"你的论点牢不可破，你的逻辑无可挑剔，而你的建议……却是可以抗拒的。因为少了点什么——少了情绪。

我一直觉得情绪和感受在人们决策的过程中起着重要的作用。多年来，我的这个想法曾经被不同的经济学家、科学家和战略顾问证实过。所以我想进行进一步的调查，不仅是了解发生了什么，而且要了解现象背后的原因。这就促使我去了解人类大脑中很小而古老的一部分，它被称为大脑边缘系统。

决策、情感和大脑

我们很自然就会把我们的决策能力归结为是理性的。毕竟人类是地球上进化到最高阶段的生命形式，并且已经发展出最强大的理性和逻辑思维能力。我们的生活中充满了数据——或者说充满了信息——从雄心勃勃的母亲给在羊水中游泳的胎儿播放的莫扎特的音乐，到我们在网上购买最便宜的商品前都要搜寻并消化的无尽评论。那么，我们当然会在决定做某件事情之前，用这些信息在头脑中构建一个优劣表？但事实并非如此。

真相是，我们在事后做了合理化处理。在细胞时间（细胞时间是一种足够慢的时间流速，以便神经科学家测量神经元中的变化）的测量下，决定先发生，此时前额叶皮层是安静的；然后合理化才发生，此时灰质（位于前额叶皮层的）才活跃起来。

（通常但不仅限于在广告公司工作的）消费类写作者早就知道并发挥了情绪的力量。在 20 世纪 50 年代的美国，告诉一位年轻的母亲"这个品牌的爽身粉相比其他品牌要更细腻百分之三十"，可能给出了理性购买的合理原因。但是，"给孩子用滑石粉，你就是个好妈妈！"则大胆地挖空心思吸引了年轻母亲的情绪。猜猜看，哪一种更奏效？

事实上，这种对消费者情感的赤裸裸吸引，可能是今天许多外行人士以及不在少数的市场人士倾向于轻视任何不以事实为重点的文字风格的原因。他们给此类文字风格贴上了标签："俗气的"，"咄咄逼人的"，或"推销式的"。然而，情感写作的证据就在我们身边。它的力量深深植根于人类大脑的解剖结构。

大脑边缘系统的结构和功能

首先是免责声明。我不是神经科学家。（哦，你已经知道了？）对大脑边缘系统功能的研究，就和对大脑所有其他部分的研究一样，是连续的。我们是否可以准确地绘制情感和特定的大脑结构，这点科学家们仍然在激烈争论之中。但对于我们文案写作者来说，关注大脑边缘系统这一毫无疑问涉及情绪、记忆和嗅觉的区域，是理解我们的大脑如何处理情绪和决策之间关系的一个有用的概念工具。

大脑边缘系统也被称为古哺乳类脑（paleomammalian brain）。有些人甚至把它叫作蜥蜴脑，以进一步表明它在神经系统发展中的地位。（而在本书中，当我所分享的观点与大脑边缘系统有关时，你就会看到蜥蜴的图标。）大脑边缘系统是我们感情的所在。当你感到担心或焦虑，开心或悲伤，生气或乐观时，就表明你的大脑边缘系统正在工作。

如果你要移除自己或朋友的大脑，然后解剖它，来寻找大脑边缘系统，你会在哪里找到它呢？这儿有一条线索。大脑边缘系统不是大脑表面卷起的灰色回旋结构（脑回），尽管你一想起大脑，就会想起这一经典形象——由裂隙（脑沟）分开的脊状突起，而是神经系统中的克雷超级计算机——我们大脑中处理抽象思维、逻辑推理和道德分析等高级功能的部分。不，大脑边缘系统不是这个。边缘系统有着古老的来源，因此它位于大脑的内部，在脑干的顶部、脊髓从脊柱到大脑中间相连的那个位置。

边缘系统包括一系列分散但又相连的结构，包括扁桃核，一种参与记忆、情绪（特别是焦虑）处理和社交关系的小杏仁形器官；以及嗅球，它帮助我们闻气味（嗅觉被许多心理学家认为是感官中最强大的一种），也与记忆有关联。

图 0.1 大脑边缘系统

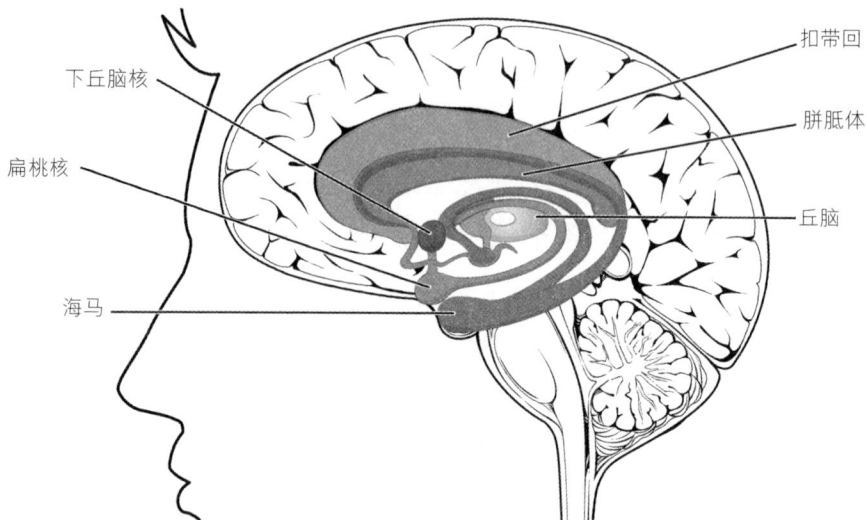

下丘脑核

扁桃核

海马

扣带回

胼胝体

丘脑

情绪和感受之间的区别

幸福、悲伤、恐惧、愤怒、厌恶、惊讶，这是六种主要的情绪。它们跨越文化、民族、种族、性别、年龄和智识的界限。对于所有的非专业人士（几乎包括了所有文案写作者）、广告执行官、市场营销人员和企业家来说，"情绪"和"感受"是同义词——我们感到难过，等同于我们是难过的。但是安东尼奥·达马西奥（Antonio Damasio）等神经科学家在这两个词之间划清了界限。

情绪是外部观察者可以看见的身体状态。很多看得见的细节都会泄露情绪：下垂的嘴角，浮肿的眼睛，皱起的眉头，以及很可能会有的眼泪，这些都是悲伤的标志；而青白的脸色，抿起的嘴唇，瞪圆的双眼和紧张的肌肉，这些则是愤怒的信号。感受是正在经历这些情绪的人对情绪的内在体验；这种内在体验对于外部观察者是不可见的。虽然这一区别是重要的，但我们可以把它放在一边。因为对我们来说，关键是理解情绪在人类的动机和决策中所起的作用。

蜥蜴：确定最适合正在制作的广告的主要情绪。找到在广告文案中融入该情绪与动机的方法。

我们为什么会有情绪呢？在我上面所列出的六种主要情绪中，有四种是不愉快的。能够体验这四种情绪中的任意一种都给我们带来了直接的进化优势。下面就以厌恶为例。如果没有我们称之为"厌恶"的情绪反应，那么吃腐烂食物的模样就不会使我们感到害怕——这会带来显而易见的甚至可能致命的后果。

根据安东尼奥·达马西奥提出的躯体标志理论（SMT），大脑边缘系统在指导和驱使行为（尤其是决策）中起到了关键的作用。躯体标志是指身体的特定状态，诸如焦虑就是以心率增加、出汗和恐惧感为标志，并与皮质醇等压力荷尔蒙有关；而喜悦则是由血清素等激素释放引起的。我们依靠这些躯体标志来帮助我们确定哪种竞争方式最有利于我们。

达马西奥教授对患有脑损伤的患者进行的研究，得到了一个支持躯体标志理论的有趣发现。大脑边缘系统有损害的患者可以阐述两种选择中的哪一种是合乎逻辑的选择。但他们却无法做出一个简单的决定，哪怕是选择哪种口味的冰激凌。

灯泡时刻：情绪驱动行动。信息驱动分析。我们希望读者采取行动。

研究人员利用一种叫作功能磁共振成像（fMRI）的复杂脑部扫描仪器对脑部进行测试，结果显示：当受试者正在经历某种情绪时，大脑边缘系统是大脑的主要活跃部分。当受试者听故事时，或者当受试者在做决定时，大脑边缘系统也是大脑的主要活跃部分。假如在这条将特定活动和责任映射到大脑特定部位的路径上走太远，可能并不明智（有研究发现，在大脑受伤或患上诸如中风等疾病后，神经通路会进化，以重新发送和连接神经信号，这种现象被称为神经可塑性）。但至少对我来说，我们对故事的回应能力、我们情绪的形成，以及我们的决策能力，都是大脑边缘系统的功能。

信息的重要性

那么信息的作用是什么？我们并不完全是盲目地由我们的下丘脑或扁桃核带领着选择汽车保险或晚餐座位的吧？当然不是。信息很重要。因为我们用信息来合理化我们的决策。换句话说，信息并不驱动决策，信息加强决策。值得重申的是，当我们谈论情感驱动决策的时候，我们并不是像外行人那样说"决定是感性的"，比如说"我们要个孩子吧"或者成为某个特定足球队的球迷。

按照达马西奥和其他神经科学家的理论，所有的决定都是由情绪驱动的。我们没有意识到这一点，只是因为整个过程发生得太快了。因此，我们就将容易的决定——例如购买奢侈品或可有可无的用品，获得乐趣等——归因于情绪，而将艰难的决定——例如支付养老金、选择学校和购买婴儿设备等——归因于理性。

采取移情手段进行文案撰写

在本书中，我汇集并解释了一组文案写作技术，它们超越了对产品的功能（feature）和产品带给用户的利益（benefit）之间差异的区分这个层面。你可以将它们大致分为两组：一组技术是关于影响心理学，特别是情绪所扮演的角色的；另一组则是关于写作者的风格和语调所产生的心理影响。

第二组虽然比第一组更具内向性，但仍会对读者的情绪产生影响，因为通过让文案读起来更容易也更愉快，读者对于阅读的抵触感也会减轻。

在整个过程中，我使用了"客户""潜在客户"和"读者"这三种称呼，它们几乎是可以互换的。这样做并非我随意为之，更多的是试图反映我们所有人倾向于混合这三类人的习惯。此外，每种称呼带来的意义略有不同。"客户"暗示了我们之间关系的交易性质。"潜在客户"则是提醒我们迄今为止还未说服他们成为客户。而"读者"强调了我们正在使用书面文字来销售产品。

所有这些文案写作技术都可以在所有需要文案写作的媒体渠道中使用，但有些可能更适合网络，有些更适合印刷，而有些则更适合移动端。我的公司不是一家印刷文案机构，也不是一家新媒体文案机构——它是一家写作机构。（实际上这句话正是我公司的口号。）我们每天都会在为客户制作的多渠道广告宣传中使用本书中讲到的技巧，而我们的客户包括消费品公司、零售商、媒体公司、工业公司、技术提供商、制造商、专业服务公司及很多其他公司。

诀窍是知道这些技巧，并能够毫不费力地去实践这些技巧，但始终要进行自己的判断。而判断力是无法从任何一本书或任何一门培训课程中习得的。你必须以老套的方式去学习它，亲自完成一项项工作并在这个过程中去体会。

理解客户的情绪

这本书讲述的是关于如何抓住读者的心，让他们听取并相信你给出的信息。这与精神控制或操纵无关。我对人性相当信任，完全相信我的读者并不愚蠢，也不会相信我能强迫他们做一些他们不想做的事。但是，如果他们正在考虑这样做，那么我坚信我们必须让他们感觉到这是个好主意，而不仅仅是认为它是个好主意。

　　许多业余和专业的写作者都认为有必要抓住读者的心。到此为止还挺好。但下一步才是难点——究竟如何做到这一点。人们对此往往束手无策。下面就是一个典型的例子。该文案的撰写者有着很好的意图以及很糟的写作方式。该文案来自我正在撰写本章时收到的一封电子邮件，我做了轻微的改写。

　　反例：我们很高兴地宣布，我们特意选择您来享受令人惊叹的全新办公家具系列的优惠折扣。

　　你发现问题了吗？你当然发现了。这种类型的文案一年 365 天不间断地冲向我们的收件箱。该文案的撰写者对于给我的这个优惠可能高兴也可能不太高兴（我怀疑他们并不高兴），但这并不是重点。

　　我，作为读者，不在乎他们的感受。我对他们的情绪毫无兴趣。他们应该唤起我的情感，而不是表现他们的情绪。

　　当我举办文案撰写研讨会，并开始讨论诉诸感情的文案写作时，总是遇到同样的问题。

　　"那么，如果我不能直接描述情绪，我又该如何表达我的情绪呢？"

　　我也总是给出同一个回答。不要表达你的情绪。因为你的读者对此不感兴趣。有趣的是，他们对自己的情绪也并不感兴趣。他们只是体验到自己的情绪罢了。区别在于，他们的情绪将驱动行为，而你的情绪则不然。

　　所以，我们的第一个承诺就是不再尝试去描述我们的情绪。每当我们这样做时，我们自己的角色就闯入了读者正在阅读的页面，而在那里本没有属于我们的位置。这就解决了一个大问题。现在，要开始我们真正困难的工作了：唤起读者的情绪反应。

　　不管你相信与否，使用形容词——像上面例子中的作者所做的那样——也没有任何帮助。

　　撇开文件柜 10% 的折扣是否真的太棒了的问题（事实并非如此），将形容词粘贴到名词之前真的会使我们的读者有这种感受吗？

形容词会让他们睁大眼睛，张大嘴巴吗？不，不会。除非是对仍然天真地认为这种手段有效的销售人员表示惊讶。

形容词最高级的真正意义

如梦幻般的、令人惊叹的、令人兴奋的和令人难以置信的——这些形容词仍然具有不可替代的意义。

1979 年，我观看了齐柏林飞艇（Led Zeppelin）在内布沃斯音乐节上的现场演出，这是梦幻般的经历。

我与后来成为妻子的女友的第一次约会是令人兴奋的（如果我说实话的话，也有点伤脑筋）。我在乌鲁鲁巨石的星空下与她共进晚餐，那太不可思议了。

我的两个孩子出生时，我都在场，那是令人惊叹的经历。

而在选择会计软件、铅笔、洗车液或狗粮时，我没有发现自己有这样的情绪。

简单地将形容词最高级嵌入文案的销售策略，除了并不奏效之外，还具有更为严重的破坏性影响。

如果我们将世俗的东西描述为令人叹为观止的，那么我们在描述尼亚加拉大瀑布时要使用什么词汇呢？如果日常的促销活动如同梦幻般精彩，我们又如何描绘真正让我们感动的新音乐或绘画作品？

这本书是关于有说服力的写作，但是正如我在我的著作《为了销售而写》（Write to Sell）中说的那样，我们写作所使用的语言是英语。我们所使用的语言好比小小的商业游泳池，不断有清澈的溪流涌入才得以保持活力，而这清澈的溪流从乔叟的时代奔流至今。假如泳池受到污染，污水最终也将渗入主河道。

让我们同意只使用一般的形容词来达到预期目的，即增加信息而不是强调。我们将讨论限时优惠、一次性机会、会员专享折扣……这些短语暗示着稀缺或排他性，并将唤起读者的情绪回应。

涉及读者的写作

所以回到我们的核心问题。我们要如何唤起读者的情绪反应？我们可以使用一些工具。其中没有什么特别难以理解或难以运用的。

一旦你明白如何使用这些工具，诀窍就是让你的努力（你的确需要付出努力）对你的读者保持隐形。

"我为什么要这样做呢？"这就是你想要说服的人正在思考的。他们不一定知道你的存在。他们不一定信任你。（他们几乎肯定不信任你。）

那他们为什么要这样做呢？你希望他们去做、感受或者考虑某些事情，一些在阅读你的文字之前他们原本没有计划去做、感受或考虑的事情。你的挑战不仅仅是简单地给出这个问题的答案。

为什么？因为你面临着一个更深层的、没有说出口的问题，除非你先回答了这个问题，否则你可能只来得及说出半句话就丧失了回答的机会。

这个问题是："为什么我应该读这个？"这是说服性写作的核心。在读者给你一些时间来请求某件事之前，你必须给他们一个开始阅读的理由。

关于每位读者的四个事实

让我们回顾一下关于读者的四个事实。对于任何读者以下四条都成立：

1. 他们不是白痴。

2. 他们没有义务阅读你写的内容，更不用说即便他们开始阅读了，也随时都可以停下来。

3. 除了阅读电子邮件、信件、广告或网站外，他们还有其他事要做。

4. 相比你要告诉他们的事，他们还有其他重要得多的事情。

即使他们已经为了研究如何度过假期、如何选择会计师事务所或新车而搜索到了你的网站，这四条是否也适用呢？嗯，是的，的确如此。理由如下。

你不是唯一的选项。因此，即使你的网站在谷歌上排名第一，一旦读者点击进入，你与排名第 17 的网站就面临完全相同的境况。如果文字很无聊，或者很糟糕，那么读者可以离开，继续点击其他数百个网站。

所以如果你想有机会去说服读者采取你喜欢的行动方式，你需要做两件事。首先，让文案具有说服力。其次，让阅读体验变得愉悦。

文案应该令人愉悦吗？

在这里，"愉悦"并不是指让读者坐在那里对着电子邮件或销售信件微笑，热切地为你的隐喻表达方式做笔记。"愉悦"的意思是文字深深扎根于读者的大脑，满足人类对一个好故事的基本需求。它应该让人在不知不觉间被吸引，情不自禁地想一读到底。

在这方面，我们的写作——有说服力的写作——可能会借用来自小说家、剧作家和记者的各种方法，但它必须不惜一切代价避免惹人注目。我们不想引起读者对写作的关注。（又或者我们有时也想要引起这种关注呢？在第二部分我们将探讨更多。）

对于小说家来说，读者一时意识到自己正在读小说并不是什么大问题。一方面，读者已经购买了这本书。另一方面，作家笔下的精彩句子可能正是书籍吸引力的一部分。

对于你和我这样的文案撰写者来说，读者对于阅读过程的意识却是致命的。一旦我们的读者意识到他们正在阅读垃圾邮件、广告、营销演讲或某种纯粹的商业写作，他们就对这种文字以及我们试图传达的卖点同时丧失了兴趣。

那么我们该怎么做呢？小说家可能不得不思考人物、情节和烦琐的人物关系，但至少他们有愿意且渴望阅读的读者。

　　我们面对的读者却最多只是能耐着性子读下去，而且更大的可能是，他们对我们的文字抱有敌意。即使他们找到我们的网站来获取信息，他们也很清楚自己是我们的销售对象。然而，我们必须成功销售，不然我们就不仅仅是作为写作者失败了，作为企业主或经理也失败了。

我的文案写作新配方，比 AIDA 更有新意

　　让我们尝试一个词语联想小游戏。我会给你一个词，我想让你说出你头脑中浮现的第一个意思：

　　AIDA

　　如果你回答"歌剧"，你就被淘汰了。如果你说，这是"20 世纪中叶广为流传的文案配方，并在 20 世纪 70 年代进化为 AIDCA（C 代表信念）"，那么你赢了（并获得一颗五角星）。

　　注意（Attention）、兴趣（Interest）、欲望（Desire）、信念（Conviction）、行动（Action）。还不错，不是吗？我教授过这个。

　　我已经为此写过相关著作，我也使用这一方法。但现在我还有一种让人们听从你的想法的新方式。它基于心理学和神经科学的理论，特别是基于情绪在决策过程中所起的主要作用。

吸引、影响、说服、销售（TIPS）

　　TIPS 可以通过愉悦、关联、重视、认可和满足潜在客户的愿望，让他们从冷漠变得热情。

　　这一方法能更深层地抓住潜在客户的情绪，在他们都还没有注意到时就取得成功。

T 代表吸引（Tempt）

在通过文案引起潜在客户的兴趣之前，你必须给他们一个理由来阅读你的文案。在人类文化史上当下的这一时刻，几乎没有人不能识别出广告，无论这则广告是发布在社交媒体、杂志还是公交车上。这意味着我们也清楚读者知道我们正试图向他们推销这一事实。

广告写作者及在艺术和电视部门的同行们一直都知道，一个好主意能够吸引客户的眼球。这是进行销售推广的先决条件，也是 AIDA 中的 A（Attention，注意）。问题是笑声、眼泪或"天哪，你必须来看看这个！"成了他们的目标。手段变成了目的。对我们来说，这还不够。我们希望引起客户的注意，以便我们能够进入下一步。那么，我们如何诱惑潜在客户读下去呢？

我认为最强有力的手段是与潜在客户的情绪紧密相连。因此，"保时捷的绝配"这样汽车杂志中的典型标题，依然远远不够。

当然，标题底下有一张保时捷 911 的耀眼照片，但是在同一本杂志中充满了这样的照片，可能拍摄效果更好，或者拍摄了驰骋中的汽车。那么，什么才能与我们潜在客户的情绪相连呢？如果用一些能够让他们高兴、伤心、厌恶、愤怒或者能够惊喜或惊吓到他们的文字，会怎样呢？

以下是为保时捷零部件经销商构思的三个备选标题：

> "我本来很喜欢那辆车，直到……"
>
> 她看起来很漂亮，不是吗？
>
> 划伤，撞毁，留在车库里积灰。然后，有人做了令人惊叹的改变。

请注意，此刻我们更关心的是试图吸引住潜在客户，阻止他们转向其他的内容（无论是通过翻页、点击还是滑动手指）。推销是下一步的事情。

吸引人们阅读广告文案的另一种方式是通过标题诱饵。一开始读者都会觉得无法抵抗标题诱饵的诱惑，直到他们开始注意到背后的配方。一般而言，标题诱饵依靠的是我们通过体验积极情绪（例如欢乐或惊奇）而获得快乐的渴望，或者我们对目睹他人不快或广义上感到"顽皮好玩"的好奇心。

这种类型的例子有：

> 这 31 个人都希望他们没有下床。第 19 个会让你脸红到屁股。
>
> 照亮奥斯卡颁奖典礼晚会的男孩乐队之星。第一夫人身边的是谁？
>
> 互联网上最可爱的动物图片。茶杯里的小狐猴一眼就把我萌哭了。

I 代表影响（Influence）

现在潜在客户的注意力已经被你吸引过来了，你应该做两件事。首先，给予他们你一开始承诺的内容，满足他们的欲望或好奇心。然后，你开始利用他们更深层次的动机。请注意：此刻你仍然不会向他们推销。现在就切换到列举一系列商品带给用户的利益还为时过早——你的潜在客户们仍然处于"来愉悦我吧"的模式之中。而你可以做的，就是编织一个故事，让他们更深入地沉浸到你的世界之中。

假设你正在撰写一则文案，用于宣传新的私人健身房。你用一张一个男人和一个女人一起举哑铃的照片来吸引读者的注意力。标题写道：

> 就在一年前，这两人之中有一人重达 17 英石①。

---

① 英石（Stone）：是不列颠群岛使用的英制质量单位之一，亦被英联邦国家普遍采用。1986 年，不列颠群岛废除了英石作为质量单位的法定地位，但在称量体重时，英石仍被广泛使用。1 英石等于 14 磅。

这是一个谜题故事标题，相当简单，也相当难以抗拒。你的潜在客户会想："好吧，我当然想知道哪个人一年前重达17英石了，但我只会阅读足够我找到答案的那部分，然后我就不读了。"

但他们做不到，不是吗？因为你才不会让他们那么容易就停下阅读呢。你会这么做。你这样写道：

> 你好，我是克里斯。这是我的照片。我觉得我看起来很不错。但如果你看到我12个月前的自拍，你会感到震惊。
>
> 肥胖，身材走样，离心脏病发作不远了。（顺便说一下，那时我的医生就是这么说我的。）

天啊。我真的需要知道这两个人中哪一个是克里斯。可能是那个女人吧。也许我只要再读几句话就行了。

让我们帮助潜在客户解除他们的苦难吧。

> 我决定做的第一件事就是开始锻炼。我的妻子建议我加入健身房，这样我就有了需要的支持和所有合适的设备。你猜怎么着？我减重成功了，而且他们还邀请我担任莎拉的健身顾问呢。照片里和我一起举哑铃的就是她了。

哦，我的上帝！答案是那个男的！

读到这里的时候，我们的潜在客户其实可以停下了。毕竟他们已经得到了他们需要的答案。但为时已晚。因为我们已经开始巧妙地影响他们的情绪了。

请记住，我们最终推销的对象是那些觉得他们应该加入健身房的人。不想加入健身房的人可能也会阅读这则广告，也许因为他们正在等待牙医的预约，但他们不会购买。那么，那些希望加入健身房的潜在客户，刚刚阅读了一个标题和八句正文的句子。他们已经做好了继续阅读的准备。他们可以对故事的主角感同身受。

P 代表说服（Persuade）

现在，当你的潜在客户继续阅读你的文案时，你可以从讲述关于一个与他们相像的人的故事，转向讲述一个关于他们自己的故事。你将要使用论点、证明、例子和进一步的情感联系，来说服他们你的健身房对他们有好处。类似这样的段落：

> 当时我不知道从哪里开始着手。所以我用谷歌进行搜索，找到了 The Lawns 健身房。我喜欢他们谈论健身的方式。
>
> 他们让我觉得健身很有趣。不是汗流浃背，让人看起来像举重运动员，而是一些正常人，试图保持身体健美和健康。而且他们还有健康顾问免费提供建议（就像现在我在做的那样）。
>
> 我给莎拉制订了一个简单的七步健身计划，帮助她减轻体重并变得更健康。我们在最初的六周每周一起健身一次。我无法相信莎拉的变化有多快。就像我当初那样。

在这一阶段，你可以谈论商品能带给客户的利益了，但请记住，大多数人都已经有了关于加入健身房可以帮助减肥并获得健康的模糊想法，所以你最好能谈论一些更深入更新颖的东西。几乎所有旧式广告的内容都可以嵌入在文案的这一部分。

例如事实根据，特别优惠，老用户推荐，退款保证，对豪华更衣室的描述，最先进的设备和香草味的毛巾，等等。事实是，大多数私人健身房都会拥有以上全部，所以这些并不能让你与众不同。你讲故事的能力才是让你脱颖而出的原因。

S 代表销售（Sell）

然后，你不会认为我们会以"说服"这一步作为文案的结尾吧？在某个时刻，你的客户，你的财务总监，或者你的投资者，他们会直视你的双眼，问出这个关于你撰写的文案的简单问题："我们能因此盈利吗？"

你则会直视他们的双眼，回答说："是的，回报丰厚。"

因为你会用最深刻、最有力的情感联系来完成你的广告文案。你将引导潜在客户的行为，直至他们申请会员资格。你将实现销售。不，让我们说得更具体一点，你将做成生意。

那些在这一阶段仍然继续阅读文案的潜在客户已经被你说服了。他们只需要你再推一把，推动他们找出信用卡并拨出电话，或是填写在线会员申请。

四个 R 子公式

实现销售的最好方法是使用我的四个 R 子公式：重复文案最初的故事；提醒读者他们继续阅读的原因（换句话说，商品带给他们的好处）；向潜在客户保证他们正在做正确的决定；然后拿到他们的钱。

图 0.2　四个 R 子公式

R1	R2	R3	R4
Repeat 重复文案最初的故事	Remind 提醒潜在客户商品的主要利益	Reassure 向潜在客户保证他们正在做正确的决定	Relieve 收益到手

四个 R 子公式使用起来就和拿枪顶住你的客户一样有力量，而且无论你信不信，当你实现销售时，你的客户也会很高兴。因为在内心深处他们想要加入或购买。而你给出了为什么这是个好主意的所有理由，并消除了他们所有的疑虑。此刻除了说"好"之外，他们还能怎么做呢？以下是一个例子：

> 与克里斯和 The Lawns 的其他成员一起，向崭新的你问好。请记住，会员体验期拥有 3F（Fit 健康、Fun 有趣、Fabulous 美妙）退款保证，因此你不会有任何损失（除了减去多余的体重）。
>
> 现在就致电 0800 555 1253 给我们友好的新会员团队负责人朱莉吧。也可以在这里登录新会员欢迎页面。

旧去新来？

AIDA 过时了吗？当然没有！自从我开始撰写文案以来，它一直忠实地为我服务。但它有些机械化，并且过分关注写作者对于简单文案写作方法的需要了。

我喜欢 TIPS（事实上，我创造了 TIPS），因为它关乎客户和他们的情绪——这是销售真正发生的地方。

在阅读本书时，要记住的重要一点是，迄今为止你所学到的关于文案的所有知识仍然都是正确的。原则上如此。但只有当你从客户的角度去体验世界时，才能挖掘出更丰富的语言使用空间。有一种绝对合适的技巧：使用尽可能简单的语言。展现你对语言精通程度的华丽语言不太可能具备吸引读者情感所需的特质，即快速理解，共鸣，感官体验和日常语调。

第一部分

情绪比理性更重要：

挖掘客户最深的内在驱动力

第一章　利用文案诉诸情感的
力量来说服你的潜在客户

> 人类行为有三个主要来源：欲望、情绪和知识。
>
> ——柏拉图（Plato）

简介

欢迎来到基于情绪决策的美妙世界。或者，我喜欢简单地称之为决策。

酒类、烟草、奢侈手表、在线扑克和已婚人士交友网站的写作者都非常了解决策过程中情绪的力量。不然为什么一个理智的人会摄入毒药，用比大多数人买车更多的钱来买一块手表，和从赌徒身上获利的庄家对赌，或者为了至多是一瞬间的愉悦而放弃幸福美满的生活呢？

当你出售一些看似合理的东西，例如商业信息、培训课程、供应链软件或管理咨询服务等等时，要接受这些购买决策也是基于情绪的，就更为困难了。我遇到并培训了许多文案写作者和市场营销人员，他们坚持认为，在他们的业务中，理性是决策背后的推动力。他们错了，但他们为什么错了？

首先，我们必须问他们一个问题：你所面对的顾客的大脑与其他人的构造不同吗？因为除非如此，否则他们的大脑就像吸烟者、瘾君子、赌徒和玩弄女性者的大脑一样。他们的大脑都有边缘系统。这就意味着情绪在他们的决策中起着主导作用。无论他们（或你）是否喜欢这一点。

在本章中，我们将对大脑的构造和化学原理进行一些观察，检查它所产生的情绪，并探索我们如何才能唤起情绪。

*

让我们举一个具体的例子，来说明在现实世界中情绪是如何推动决策的。你正在宣传一次研讨会。发起人提供了很多信息，包括发言人名单和议程。你正在考虑文案的标题，而就像 99% 的人会做的那样，你决定以会议的主题、日期和地点为标题。

现在，想想那些可能来参加研讨会的人。也许你也会是其中之一。你放弃了这一切：

- 与你的家人在一起的时间（包括新诞生的小宝贝）。
- 与你的朋友在一起的时间（包括刚刚加入你所在的网球俱乐部的性感教练）。
- 与你的同事在一起的时间（包括你希望通过努力而让他印象深刻的老板，这样他就会提拔你而不是其他人了）。
- 你舒适的家（包括你自己的床，你周围用惯了的东西，酷炫的娱乐系统、爱好、汽车，和装满了心爱衣服的衣橱）。
- 可以依靠步行或地面交通的安全感（我提到过你讨厌飞行吗？）。

注意我并没有提到钱。这是因为钱从来不是我们不参加研讨会的原因。如果付款的是公司，那么总是能找出预算的。如果付钱的是参与者自己，参加一次研讨会的花费一般比我们一年在咖啡上的花销还要少。

蜥蜴：情绪可以把潜在客户拉向你，但也可以阻止他们。面对异议和反对，也可以使用情绪。

你看，这些都是人们不来参加的原因。而我们还要把文案的主要部分用于告知日程安排吗？这样的话，只能祝你好运了。现在还是让我们弄清楚什么可能影响我们的决策，让我们放弃所有那些可爱的、温暖的、模糊的、情绪化的、像锚一样牢牢将我们留在家里的东西吧。

你觉得下面这些怎么样：

- 远离家人的时间——所有那些令人束手束脚的规矩、教人头脑发晕的杂乱、让人烦不胜烦的尿布！
- 远离朋友的时间——他们太缠人了！
- 远离同事的时间——包括你的那个认为睡眠可有可无的斜眼老板。
- 属于你自己的时间——在一家豪华酒店里，有人精心满足你的每一个需要。
- 派对——美酒，跳舞，没有负罪感的尽情享乐。
- 可能成为你未来老板的人——并且还能将你现在的薪水翻一倍。

如何传达你的情绪

当我酝酿这本书时，我通过电子邮件向几千名文案创作者、市场营销人员和企业家发送电子邮件，询问他们的建议。其中一个答复来自一位文案创作者，她问道，当你与你销售的产品没有任何情感联系时要怎么办呢？她将这称为情感沙漠。

如果我们永远只需要去写那些令我们着迷的、深深触动我们的事物就好了。对我而言，它们是音乐、汽车、饮食、心理学和园艺。哦，还有面包制作、时尚和语言。还有机械，野生动物，农村。那样的话，作为写作者的生活会非常简单，所有的情绪一触即发。

我们要做的第一步就是摒弃一个神话：你需要能够传达你的情绪。不，你不需要。你需要的是，能够唤起客户的情绪反应。

反例：我很高兴宣布关于乌托邦公司和 Anony 公司合并的令人兴奋的消息。

佳作：你做到了！做得好。你的管理系统已通过认证。我们热烈欢迎你成为 BSI 认证的客户。（来自作者为 BSI 写的一封信）

多年来，我撰写了各种产品和服务的文案。我与其中一些产品或服务有情感联系，与另一些没有。但这并不重要。我来告诉你为什么。

你需要找到与顾客的情感联系，而不是与产品的情感联系。

我认为，这是文案撰写者会犯的最基本的错误之一。当我举办培训课程时，我会听到很多类似的问题："当产品如此乏味时，我怎样才能让我的文案听起来有趣？"我的回答总是一样的："对客户来说这并不乏味。"

如何处理"乏味"的主题

让我给你举一个具体的例子。我正在为一家制造测量设备的澳大利亚公司撰写文案。他们的设备可以测量在被称为湿井的专用存储容器中的未处理污水的深度。

该设备本身非常简单：一个塑料圆筒，和一根悬挂在绳子上的电线（我简化了一些，但并没有简化太多）。我那时（以及现在）是否在情感上与污水测量探头有联系？当然不。所以我是这么做的：

我采访了该设备的营销经理。他告诉我公司创始人如何探访澳大利亚各地的湿井，如何进入湿井与当地的工程师一起做检测，然后演示他的设备是如何工作的。接下来，我让他告诉我，对于负责某个省、市或县的污水湿井的人来说，假如没有这种设备，他们会遇到哪些问题。以下就是我发现的。

了解湿井的水位非常重要。如果不知道它什么时候满了，那么自动泵会不停地将污水泵入井中，污水就会溢出。而未经处理的污水溢出到街上，也许还会流到小学或幼儿园的操场上，那就太糟了。而如果你不知道湿井什么时候空了的话，那么自动泵会继续空转，最终自动泵会烧毁。然后，下一次湿井满了时，你会面临与以前相同的结果。

所以这本身是非常有趣的事实。我将它翻译成一行文案，内容如下：

> 作为公用事业经理，你一定不想因为污水淹没操场而上头条。

但即使不用这种预测大灾难的情景，我们也还可以讲述很多其他的故事。例如，紧急故障率大幅下降，该设备具有极高的可靠性，而且几乎不需要修理。顾客的任何麻烦都是我们可以讲述的故事。

我的销售文案重点关注了使用该设备之后客户的生活将变得多么轻松。我所讲述的故事不一定会赢得奖项，也不会吸引另一位文案写作者的情绪，但它们帮助售出了可观数量的商品。

案例研究　为世界宣明会（World Vision）写的赞助信

通过解释信件本身是如何写成的，使沟通感觉更亲切。

使用过去时可以让读者以故事的形式接收信息，进一步增强故事的真实性。

世界宣明会（World Vision）是一个基督教人道主义组织，致力于通过铲除导致贫困和不公正的原因，与全世界的儿童、家庭及其社区合作，充分发挥儿童的潜力。

这封信的主要内容是告诉赞助者，虽然他们对这个孩子的赞助即将结束，但世界宣明会希望他们能继续赞助另一个孩子。

我采访了一位赞助者，以了解她的情绪，并试图向读者传达我们理解他们对新闻的情绪反应：

"我很赞赏你从一开始就直观地了解了我们想做的事情，以及你对这封信关键受众的洞察力（包括你还花了时间去采访了萨姆）。这是多年来我们最大胆、最原创、最具亲和力的信件之一。它是为我们的目标读者所写的，并实现了比往常更深层次的情感连接。A/B 对比测试最终证明了这种方法的价值。"

——世界宣明会（World Vision）产品体验和市场经理马克·迪布登（Mark Dibden）

当我坐下给你写这封信时，我希望对你此刻的感受有一定的了解。因此我联系了我们的另一位赞助人，她也有过这种称为"小小心痛时刻"的经历。

她的名字是萨姆·特维（Sam Turvey）。她赞助了两个津巴布韦的女孩普莉希拉（Prescilla）和普瑞希斯（Precious），从她们三岁和八岁开始，一直到她们七岁和十二岁。我希望萨姆给我讲一讲这两个与她的生活联系在了一起的小女孩，她立刻说道：

> 我真希望你能见到她们。她们是世界上最美的小女孩了！
>
> 我第一次见到普莉希拉时，那个来和我打招呼的小女孩和我想象中的一点都不一样。她蹦蹦跳跳地跑过来，见到我就大叫："萨曼瑟（Samantha）！"然后扑到我怀里。她的脸上绽放着大大的笑容。
>
> 她们喜欢粉色和所有小姑娘喜欢的东西，这还真有点让我惊讶——她们就和其他小女孩一模一样呢。

我们聊起了萨姆的赞助是如何改变了这两个小女孩的命运的，而萨姆则讲述了下面这个关于女孩父亲的变化的故事。

（我得说明一下，我们从来都不提倡赞助者谈论孩子离开村庄的可能，这位父亲的反应揭示了很多人面对此种情境会有的强烈情绪。）

引入稳态情绪和目标情绪

在工作中，我的许多客户都在推广企业对企业（B2B）产品和服务。他们认识到，为了在市场上保持领先地位，他们需要与客户建立情感联系，而不是用事实来轰炸他们。每次我坐下来开始策划一份新的文案时，我想回答的第一个问题是："客户现在对这个问题的感受是怎样的？"

这就是我所说的稳态情绪。

第二个问题是这样的："当他们读完文案之后，我们希望他们有怎样的感受？"

这就是我所说的目标情绪。

19 种情绪和 110 个触发它们的单词／短语

我想立即开始教你掌握文案撰写艺术所需的工具，所以我要给你一个现成的单词和短语列表，你可以剪切并粘贴到你自己的文案中。即使你觉得它们并不是完全正确的，你也能调整它们来获得你想要的效果。其中一些还能作为文案的第一句话或标题。像本书中的所有提示一样，它们在线上或线下、电脑屏幕或手机屏幕、移动通信或网络上都可以使用。这份清单并非详尽无遗，你还可以在网上轻松找到其他清单。只需搜索"情绪列表（list of emotions）"即可。你可能会觉得爱与恨也应该被包含，尽管它们可能是由其他纯粹情绪（如愤怒或开心）组成的复合情绪。

我理解表中的某些（或全部）建议词汇和短语会让你停下来，并开始怀疑它们是否真的可以用于你所面对的客户。如果你的销售对象是高层管理人员或大学教授，工程师或超级富豪，他们在一天的大部分时间里可能使用的都是复杂高深的语言（尽管我对此有所怀疑）。但我的观点是，首席执行官们对他们的另一半表达爱意时，使用的会是古老的语言公式"我爱你"。对于瓦工来说，也是如此。没有人会说，"我意识到我对你的情绪反应已经加深了"。每个人都会使用诉诸情绪的语言。而当他们这样做的时候，往往是有效的。我不打算为使用循环论证而道歉。就像"你被解雇了"，"我不干了"和"我道歉"这样的词会以言起效（语言学家称之为行为式话语或施事话语），用诉诸情绪的语言能够对聆听者的情绪起作用，就是因为它抓住的是聆听者的情绪。

主宰所有情绪的情绪

表格 1.1　一级、二级和三级（背景）情绪列表

一级情绪（普遍情绪）	触发该情绪的单词 / 短语 / 想法
快乐	我要告诉你个好消息。 作为一个准新娘…… 作为一个准妈妈 / 准爸爸…… 你就是我们想要共事的人。 世界上你最爱的是什么？ 你最开心的记忆是什么？ 你很酷 / 很聪明 / 很好看 / 很美丽 / 很懂得穿衣搭配 / 很精明 / 很果断 / 很自信。 我将要告诉你的消息会让你喜不自胜。 你赢了！
什么能让你微笑？ 你完美的交换戒指仪式将从这个迷人的戒垫开始！ 这个波浪般起伏的软垫上面是白色的，前侧的亚麻布呈喇叭形展开，更具吸引力。	
悲伤	当你读完这段文字时，会发生另一件"坏事"。 你有没有因为某事而感到失望过？ 你有没有失去过与你亲近的人？ 恐怕我有一些坏消息要告诉你。 要说出下面的话很困难，但是…… 我感到很难过，但我必须告诉你
搜索"煽情广告（sadvertising）"	

厌恶	他躺在破破烂烂的、被尿液浸透的被褥上。 艾哈迈德街上的开放式下水道散发着阵阵恶臭。 这些婴儿出生在污秽的、血迹斑斑的病房里。 想象一下，如果你唯一的水源是一个死水池，苍蝇围着嗡嗡飞。 呕吐物的味道无处不在。
广告中的厌恶 《今日美国》（ *USA Today* ）	
愤怒	你被骗了。 你没有价值。 你不值得我们认真对待。 人们正在杀害无辜的生物。 我们剥夺了你的权利。 孩子们被背叛了。 你真没品位。 这个"某某"行业的肮脏的小秘密。
在印度、尼泊尔、孟加拉国，非法买卖水獭毛皮非常普遍。 水獭们被无情地杀死，因为它们的皮毛非常紧密而耐用，皮草商将其称为皮草业的"钻石"。 世界自然基金会 WWF（印度）	
恐惧	死亡。 此优惠在本周末就会结束。 我有一些令你担忧的消息要告诉你。 你知道你的房子 / 汽车可能会被税务人员收走吗？ 你有没有准备好迎接这轮海关税和消费税的袭击？ 去年，有 17 个与你从事同样工作的人接受了每人超过 5 万英镑的罚款——仅仅因为一个简单的错误。 你有过这种常见的社交媒体失态吗？它可能让你上法庭。
搜索"害怕错过"（ *FOMO* ， *fear of missing out* ）	
惊讶	你不需要花费数千美元就能看起来如此完美。 为什么好莱坞的大腕明星们正在放弃节食。 这个"迷信"故事可以帮助你提早十年还清抵押贷款。 如果你认为你在建屋互助会的存款是安全的，你最好读下去。 如何获得你一直想要的"健康益处"——一分钱都不用花。
它还能把把手粘回茶壶壶身。 爱牢达环氧树脂有限公司（ *Araldite* ）（英国）	

表格 1.1　一级、二级和三级（背景）情绪列表（续上）

二级情绪（社会情绪）	触发该情绪的单词 / 短语 / 想法
好色	你不会相信我刚刚发现的。 嘿，想听一个秘密吗？ 如果性是如此自然，你怎么不被允许这样做呢？ "权威人物"的卧室秘密。 这太下流了！ 当我第一次看到这个时，我承认，我脸红了。
这部电影敢于解释大多数父母不能解释的事情…… 《未成年妈妈》（*Teenage Mother*）（美国）	
信心	这是你应得的。 你欠自己这个。 看看你在这一生中实现了什么。 你有能力这样做。 如果我不认为你是最合适的人选，我就不会开口问你了。 我们商量之后，一致认同你是我们想要的人选。
你可以依靠的止汗剂 舒尔（*Sure*）（英国）	
自豪	作为……领域的专家 作为一个杰出的…… 作为一个聪明的…… 我并没有写信告知每个人。 你可能习惯于让他人听取你的意见。 我愿意打赌你就是那种被专家称为精明投资者的人。
它集简约的 Bagger 风格、高速公路舒适性、现代科技和桀骜不驯的态度于一身——它是顶级的。 哈雷·戴维森（*Harley Davidson*）（美国）	
尴尬 / 耻辱	我本来对你有更高的期望。 如果你的朋友 / 同事 / 家人发现了这件事，他们还会为你感到骄傲吗？ 你有没有想过你的行为会如何影响我们其他人？
口臭让你不受欢迎 李斯特林（Listerine）（美国）	
妒忌	有些人会把属于你的奖励从你身上拿走。 如果另一个男人／女人和你的妻子／丈夫调情，你会有什么感觉？ 有人抢走了属于你的引人注目的时刻吗？

我的配偶承认他有了外遇 布思罗伊德协会（Boothroyd Associates）（苏格兰）	
羡慕	为什么有些人总是那么好运？ 你有没有觉得有两种规则，一种专为富人量身定制，另一种才是我们其他人要遵循的？ 你想每年换一辆车吗？ 你的朋友拥有比你更好的时装吗？ 你是否认识无须任何努力就能得到他们想要的东西的人？ 你的朋友将羡慕你的衣着风格（但你不必告诉他们你花费了多少钱）。
你将拥有让人羡慕的身材！ 沃勒斯（Wallers）（美国）	
内疚	你有没有忽视过医生给你的忠告？ 你有没有撒谎并且没有被人识破的经历？ 你有没有不为人所知的秘密？ 你的私生活是否纤尘不染？ 我知道你内心深处的秘密。 这可能会让你感到惊讶，但是任何一个拥有价值 10 美元电子元件的人都可以看到你的私人电子邮件。
搜索"Cordaid 需要帮助的人运动" Cordaid（荷兰）	

表格 1.1　一级、二级和三级（背景）情绪列表（续上）

三级情绪（背景情绪）	触发该情绪的单词 / 短语 / 想法
场景设定	你已被选中。 描述场景。 想象一下吧。 如果……你感觉如何？
兴奋	观看你最喜欢的乐队演出时坐在前排座位。 与"名人"共进晚餐。 与你的梦中情人共度浪漫一夜。 你心中最疯狂的性幻想。 与"体育明星"一起训练。 免费在"有异国情调的地方"度假。

这部电影敢于解释大多数父母不能解释的事情…… 《未成年妈妈》(*Teenage Mother*)(美国) 您可以在法拉利的赛道上骑车,参观比赛场地,与司机和一些团队成员见面,还有更多美妙体验! 你想与法拉利车队一起前往何方? 法拉利(Ferrari)(意大利)	
安乐	在生活中,你已经取得了很多值得骄傲的成就。 看看你的周围,在你家里,你的财物,你的家人。 一切都很美好,不是吗?
在舒适的床上睡个好觉。卧室里的家具有足够的空间来存放各种物品(并且让你很容易就能找到它们)。温暖的灯光和舒适的床上用品让人身心放松。所有这一切你只需要支付合理的价格——梦境般美好。 宜家(IKEA)(瑞典)	
冷静	我希望你闭上你的眼睛,慢慢地呼吸。 放松。 无须文书工作,没有任何麻烦。 无压力。 让我们接下你肩头的重担。 你无须承担任何义务。 你可以在任何时候取消。
"放轻松、别紧张,你的奖励里程不会失效。" 土耳其银行 Denizbank(土耳其)	
抑郁	有没有觉得整个世界都与你作对? 有没有在凌晨3点依然无法入睡、想知道自己究竟怎么了的经历? 你有没有怀疑过,这一切有什么意义? 你是否曾经停下正在做的事情,问自己难道这就是全部吗?
获得满足感的令人惊讶的方式 《今日心理学》(*Psychology Today*)(美国)	
紧张	账单、保险费、抵押贷款、学费。 时间不多了。 你最害怕什么? 你有失业的风险吗? 你有没有担心过孩子的未来? 抓紧时间了。这是个限时优惠。
孩子的教育是至关重要的,这就是您会为此投资的原因。使用斯旺保险公司的学费保险,您就可以确保那些可能使您无法支付昂贵学费的意外事故也不会影响到孩子的教育了。 斯旺保险公司(Swann Insurance)(澳大利亚)	

喜悦	春天来了。 你最喜欢的颜色是什么？ 你还记得妈妈做的家常菜的味道吗？ 回忆一下你最美好的假期。
回到 1962 年，回归迷幻风格！ 乐高（Lego）（丹麦）	

　　列表中缺少一种情绪，尽管它在许多情绪中都会起作用。它在大脑中的"位置"很复杂，但似乎部分是由存在于大脑边缘系统中的扁桃核和海马控制的。我想知道你是否已经读完上面的表格，并且为这种情绪的缺席感到惊讶。假设的确如此，我不会感到惊讶，而且还会很高兴。部分原因是因为这意味着我狡猾的计划奏效了，另一部分原因是因为这意味着，正如我猜想的那样，你比一般文案写作者更聪明。我在谈论的是好奇心。

　　蜥蜴： 好奇心让我们的读者急切地想要知道我们所说的话会怎样使他们受益。

　　好奇心是驱使我们探索世界的动力。许多动物也有好奇心——任何狗或猫的主人都会证明这一点。而且如果不是好奇心的话，我们又怎么能够解释除了人类以外的各种灵长类动物也会使用工具呢？好奇心也是一份给予文案写作者的礼物。拥有能够让读者生活更轻松的产品是一回事，让他们有充分的兴趣去阅读，并且如我们希望的那样去购买该产品，是另一回事。

　　欲言又止是最简单也是最有效的方式，你会在本书中反复看到这个诀窍的实例。

　　许多讲故事的人都依靠好奇心的力量。这里有一个很好的摘自某个公司网站的例子。它让人无法控制地想要读下去。你只需要知道为什么，以及怎样做。

佳作：罗里·史密斯一生的工作已经为数百万人节省了时间，并且每天都在继续这样做。［来自蒂森克虏伯（德国）网站］

情绪的层级

当然，假设你的客户只有一种情绪，并且因此你所撰写的文案只需要对这种情绪下手便能实现销售，这就太过简单化了。人类是复杂的生物。我们可能同时感受到各种各样的情绪。这就是为什么我们有时会说："我对此百感交集，一言难尽。"

稍后，我们将着眼于构建典型客户的人物素描，这值得我们花费一些时间去确定驱动客户的各种情绪。他们可能会担心而且兴奋、快乐并且好奇、嫉妒以及恐惧。但是，你通常能够通过所涉产品及其解决的问题来确定主导情绪。

确定了你想要引起的情绪反应后，将它作为文案构思过程的一部分写下来至关重要。为什么呢？因为这做起来非常困难，你就会本能地想要避开它，想要回到更简单、更容易、更快速的文案写作方式上去。如果你在文案草稿的最上方写上一个声明，表示你希望让读者对错过感到焦虑，那么你就会记得在通读你的义案初稿时，寻找能够引起读者这种情绪的单词、短语或段落。如果你找不到，就必须继续努力，直到成功。

如何使用诉诸情绪的语言进行交流

你可以使用的技巧之一是专注于使用日常用语，它可以帮助你与读者建立情感联系，并且节省你的时间。我们最主要的渴望和驱动力不是由多音节对话和拜占庭式句子结构所引发的。它们依赖于简单清晰的词语，不容许任何含糊不清的句子结构。

我们的焦虑、嫉妒等情绪，都可以由这些简单短小的句子触发：

- "我很担心你。"
- "我需要见你。"
- "你饿了吗？"
- "你想早点睡吗？"
- "我们去跳舞吧！"
- "我恨他。"
- "她非常聪明。"

关于这种写作风格非常重要的一点是：每个人都会对此有回应。这不仅仅适用于企业对消费者（B2C）营销。在我们开始向客户端或平台销售产品之前，我们都是向真实的人类出售产品——这意味着我们都在向引导或驱动人们的情绪做推销。很长一段时间以来，企业对企业（B2B）营销中的流行智慧是，所有这些柔软而蓬松的情感销售对于冰激凌、化妆品和跑车来说是非常好的，但这并不适用于软件、会计服务或采矿设备。令人高兴的是，这种观点开始发生变化了。现在全球有很多B2B公司正在渐渐意识到，他们的顾客与那些购买冰激凌、化妆品和跑车的人完全一样。

不难想象某个为技术公司工作的B2B写作者，正在为一次会议创造主题。他写道：乔（Jo），下周想打高尔夫球吗？

主题的重点不在于介绍会议，也不在于注明时间、地点或者介绍演讲者。重点仅仅在于让读者打开这封电子邮件（并且是在不欺骗他们的前提下）。由于这次会议的确是在高尔夫度假村召开的，这么说一点都没错。我曾经为在旧金山召开的财务人士会议写过电子邮件和网络文案，该会议最具吸引力的是，它是在阿诺·帕玛（Arnold Palmer）设计的18洞高尔夫球场举行的。看看例子：

反例： 2010财务首脑峰会

佳作： 一场精彩的高尔夫比赛（附有一次不错的财务会议）（来自作者撰写的首席财务官美国峰会邮件）

它的效果很好。

从理论到利润

在购买过程中的某个阶段——从本质上讲，是在一开始——你的潜在客户会做出购买决定。是的，他们会寻找信息从而在后期合理化他们的决定，但现在我们并不关心合理化这一部分。所以，想象一下，假如没有合乎逻辑的理由去购买你所销售的产品（如果你从事的是本章前面提到的行业之一，这对你来说就是小菜一碟），你仍然需要写出具有说服力的、强有效的销售文案，说服你的潜在客户无论如何都要做出购买决定。

购买你推销的产品有哪些情感上的好处呢？在你的潜在客户购买你推销的产品之后，他们会感到他们的生活有什么不同？他们的配偶、子女、朋友、家人和同事又会在这一购买行为之后对你的潜在客户有怎样不同的感受？购买该产品后，会发生什么？不会发生什么？通过建立一个这样的情感地图，你可以开始理解你的潜在客户将如何看待你提供的选择。一旦你明白了这一点，你就可以找到方法，推动潜在客户走向你想让他们做出的那个选择。

本章列表中的哪些情绪有助于营销你的产品或服务及其从属的组织？你可以回到列表中划出相关情绪及其触发短语。你正在推销的产品的主要功用是使坏处消失，还是带来更多好处？

这是心理学中最大的分歧之一，它将帮助你极大地识别潜在客户在考虑此类产品时会产生的特定情绪。请仔细地想一想，因为答案并不总是明显的。表面上看，最新的电视可能会带来更多好处，比如让人在观看电影时拥有更好的体验。但这是真的吗？也许最新的电视会让人摆脱因为没有最新科技产品而感受到的不快。

测试你的知识 ✔

1. 大脑的哪一部分如果受损，会抑制人们做出决定的能力？该部分的名称是：

   a）边缘系统

   b）前额叶皮层

   c）小脑

2. 以下哪个是正确的：

   a）人们仅根据信息做出决定

   b）人们基于情感和信息共同做出决定

   c）人们仅根据情绪做出决定，然后使用信息验证他们的决定

3. 躯体标志指什么？

4. 为了能够诉诸感情地写作，你必须对你所销售的产品有强烈的情绪。对或错？

5. 你的潜在客户目前感受到的情绪被称为什么？

6. 为什么情绪对人类如此重要？

7. 六种一级情绪（普遍情绪）是什么？

8. 你能否说出一种二级情绪（社会情绪）？

9. 以下哪些不是三级情绪（背景情绪）？

   安乐、冷静、抑郁、自负、紧张

10. 只有零售（B2C，企业对消费者）营销人员需要考虑顾客的情绪。对或错？

练习

练习 1：确定你的顾客的稳态情绪和目标情绪

在开始创作你的下一个文案之前，先回答这两个重大的问题：

- 你的潜在客户现在对此问题有何感受？（稳态情绪）
- 我们想要他们在阅读完文案后有何感受？（目标情绪）

练习 2：两个朋友之间的对话

想象一下你的潜在客户正处于他们的稳态情绪之中。

他们和朋友一起在咖啡店里。

这位朋友注意到他们的面部表情，说："嘿，你怎么了？"

现在写下你的潜在客户的回应。

你可以再继续为这两个人写几行对话，看看这段对话会带你到哪里，如果你觉得这么做对你有帮助的话。

练习 3：遇到反对时的情绪处理

下载：写下你的潜在客户不配合的原因。然后添加可以让他们改变主意的驱动情绪。请使用此模板，如果这对你有所帮助。

练习 4：舒缓潜在客户的情绪

写出一份令你的潜在客户担忧的事物清单。圈出那些会在他们购买你的产品时随之消失的忧虑。

练习 5：本能文案写作

使用六种普遍情绪分别为你的产品（或你喜欢的产品）写几句文案。

练习 6：诉诸情绪的写作

　　根据练习 1 的答案（其中你确定了潜在客户的稳态情绪和目标情绪），为你所销售的产品或服务及其从属的组织（或任何其他你正在推销或销售的内容）撰写电子邮件的主题行。

　　使用表格 1.1 中的一个或多个触发短语来帮助你。

第二章 在盈利前你应该使用的三大想法

如果你人很好，并信守承诺，那么我们就在天堂了。

——卡米耶·克洛岱尔（Camille Claudel）

简介

当你计划撰写一份文案时，会如何去做呢？有没有一种你每次都会使用的结构？大多数人都使用过 AIDA——注意（Attention）、兴趣（Interest）、欲望（Desire）、行动（Action），以及它的近亲 AIDCA（C 代表信念 Conviction）。这可能是历史最悠久的销售信息结构了：最初由美国销售人员在 20 世纪 50 年代开发，当文案撰写者们意识到这一结构可能帮助他们以正确的顺序证明论点时就很快采纳了它。但是，AIDCA 是不是也可能有点儿，嗯，机械呢？你知道的，就像：砰！引起注意。哦！获取兴趣。哈！勾起欲望。嘿！证明购买是好的。是！告诉他们下单吧。我认为是有点机械，而我在整个职业生涯中一直在使用 AIDCA。

在本章中，我想向你展示三种更强大的文案构思方法，它们可能会彻底改变你的文案的效果。你要知道，有比产品带给用户的利益更强大的东西存在。它们比短句更吸引人，比用户感言更具有吸引力。这些方法适用于任何类型的销售，而如果使用一些创造性思维，也可以为企业沟通服务。这些方法能引发读者的情感反应并从中获得力量,因为它们以略微不同的方式描述了人们希望中的世界。像本书中的许多技术一样,这些方法需要你——写作者——的一些辛苦工作,但不会比任何其他构思文案的方法更辛苦。

掌握这些工具,你写出的文案就能绕开潜在客户灵敏的探测器,直接击中他们的大脑边缘系统。你一定记得,大脑边缘系统是人们做决定的地方。我也认为这样写更有趣,因为文案本身更有趣,描述的是有了产品的生活,而不是产品本身。当你阅读这篇介绍时,你可能会注意到我没有真正告诉你这些技术是什么。我是故意的。你希望你的文案能获得更好的效果,但我不认为你会很在乎必须做些什么才能得到它们。

用承诺来激发情感

你知道人们为什么向你购买产品吗?不是因为你所提供的东西,而是因为你的承诺。现在,你可能没有意识到你向他们许诺了什么。如果你的文案质量一般,那么你的潜在客户很有可能不得不为自己去发现承诺。但如果你的方法是对的,那么你就会在文案中对潜在客户做出明确的承诺。那么,我们会问,这个承诺到底是什么?

> 我保证把你订购的产品寄给你?
>
> 我保证信守我答应给你的折扣?

不。

你的承诺是这样的:

> 我向你保证,一个月后你将减去高达七磅的体重,而且不用放弃巧克力。

或者：

> 我保证，你的收入上不封顶，只取决于你有多大的动力和决心。

或者：

> 我保证你会有完美的身材。

因为这是你的潜在客户想要的。

胖人并不想要节食，或者去锻炼。他们也不想要一本关于节食或运动的书。他们内心深处也不想要减肥。他们想要什么？在阅读之前先思考五秒钟。他们想要变得苗条。

反例：一种革命性的增肌方法

佳作：你也可以拥有像我一样的身材（来自 Charles Atlas 的广告宣传）

这就是你在营销革命性饮食和健身计划时，将对你的潜在客户做出的承诺。你还必须证明你的承诺将会实现。但那会在文案的后面部分了。

铲子具有柔软手柄的事实是一项产品具有的功能。这意味着你的手上不会出现水泡，这是产品带给用户的一种好处。但这真的是为什么有着柔软的双手的园丁会拿出他们辛苦赚来的钱进行购买的原因吗？或者还有别的原因吗？一些深埋在表象之下的、我们可以利用的杠杆？嗯，是的。有的，那就是承诺。

在这个案例中，承诺是人们将用一半的时间就可以获得一个引以为傲的花园。"没有水泡"是产品带给用户的好处，但我们需要用理智去理解它。

"你会有一个让你引以为荣的花园，而且不会伤到手。"这是一种承诺，我们可以用情感去体验它。

承诺的风格和形式

你可以对潜在客户做出很多承诺：

- 每天只需五分钟即可获得年薪。

- 无论你走到哪里，都能毫不费力地吸引伴侣。

- 主宰您参加的任何社交活动。

- 开始自己的生意而不冒一分钱的风险。

- 获得一线明星的身材。

- 面临税务调查时更好地保护你的企业。

- 将销售部门变成不可阻挡的盈利机器。

- 赢得人才争夺战。

- 把你的简历变成一块吸引工作的磁铁。

- 赢得所有同事的羡慕。

- 不再惧怕公众演讲。

关于这些陈述有一个有趣的共同点：他们都是令人向往的、具体的、命令式的。（当你向某人发出命令时，你正在使用语言学家所谓的祈使语气，这意味着你的语句正在发出命令。）这些承诺还有另一个共同点——它们是不完整的。承诺与潜在客户有关，但并没有解释潜在客户想知道的关键：怎样实现？

所以，通过使用以这种语言构建的承诺，你会立即引发两种情绪。首先，承诺内容引发的情绪。所以，在上面的例子中，你引发了诸如嫉妒、骄傲、焦虑、欲望、虚荣、恐惧、不安、贪婪和自尊等情绪。其次，你也引发了承诺这种形式所带来的情绪：好奇心。好奇心是写作者的秘密武器。

蜥蜴：向你的潜在客户做一个承诺，让他们倾听你要说的话。

承诺和好奇心

好奇心是人类的基本动力。从进化的角度来看，好奇心激励我们探索世界，发现新的食品、新的技术和求偶对象。当你将好奇心与使我们受益的东西结合在一起时，你就拥有了一杯非常强大的鸡尾酒。

我作为独立写作者撰写的第一份文案是为电脑杂志写宣传广告。当时人们担心购买了不合适的个人电脑——个人电脑那时在英国还是新事物，而且价格也非常昂贵。这本杂志不是针对极客或电脑专家的，而是面向一般的想要上网、编辑照片或给远在澳大利亚的孩子发邮件的中年男士（或少数女士）。

我们给了他们一个非常有力的承诺：

反例：超过 250 台个人电脑被检测和评级

佳作：寻找新的个人电脑？选择我们的这款，不会出错。[来自作者撰写的《什么个人电脑？》（ *What PC?* ）的广告系列]

我们把这本杂志定位为一位友善的专家，它不会给你任何不好的建议。它具有从小组测试到用户评论的无数功能，以及从节约金钱到节省时间等诸多好处。但是身处一个竞争激烈的市场中——有 20 个名字不同的杂志有着类似的产品定位——推销这些功能和利益并不会让这本杂志脱颖而出。

所有这些可能听起来都类似于写下产品能带给用户的好处。承诺的内容与产品带给用户的好处有所重叠，的确如此。但是，以减肥计划为例，尽管减肥计划可能会减轻体重，但减轻体重并不是减肥计划的基本承诺。

承诺带有巨大的情感力量，它不仅仅是好处。在我们的成长过程中，我们经常做出承诺，也偶尔会违反承诺。我们知道承诺很重要。承诺是构成个人、组织和国家之间的社会契约的一部分。这意味着我们可以用承诺来帮助说服潜在客户：我们的产品能为他们带来好处。

▶ **试试这个**：当你了解你的产品将如何改变客户的生活时，你就做好了向客户承诺的准备。当你用命令式或预测式的语气说出承诺时，它最能打动人心。让你的承诺保持简短。如果你觉得有帮助，可以用"当你从我那里买来……时"之类的话开始你的承诺。当你做出承诺后，只需删除该介绍性短语并在必要时调整一下后面的句子即可。

当承诺必须被打破时

但是如果你的潜在客户从你那里购买了产品，而你的承诺没有实现呢？怎么办？好，这时你可能需要拉上窗帘，检查手机是否已关闭，确保你的姑妈琼在隔壁的房间里看电视，并且声音开到最大。你需要一个脱身之计。

我的意思是：你不能控制整个宇宙。抱歉，但你的确不能。这意味着，即使你的客户确实做到了他们应该做的所有事情——遵循说明，使用正确的墨盒，小心驾驶，或者其他任何事——你的承诺依然可能不会实现。大多数人都会耸耸肩，把这个结果视为一种经验或自己的失败（因为他们决定了购买这个产品，承认产品失败也就等于承认自己失败了）。

但我认为这样还不够好。所以你需要在文案中解释，如果一切都出错了会发生什么。这里有几个主意。

首先，可以使用我们已经很熟悉的退款保证。我总是把它描述为积极的、没有发生的事件，而不是消极的、已经发生的事件。像这样：

> 我想你会对你的新笑容感到满意。但如果在任何时候、因任何原因你觉得不满意的话，只需写信给我，即可享受免费退款服务。

不是这样：

> 如果你不喜欢你的新笑容，只需写信给我，即可获得免费退款服务。

尽管如此，下面这个例子起到了同样的作用，却使用了一种更为复杂的方式：

> 加入安迪·马斯伦贵宾文案俱乐部是否会在一夜之间让你成为一个文案达人？可能不会。毕竟大多数人既没有意志也没有后劲来主宰自己的命运。你却可以与众不同。

你可以使用以上两种中的任何一种方式。从商业和道德两方面来看，允许事情不按计划或承诺发生是明智的。如果你以正确的方式写好文案，很多潜在客户便只会掠过那些消极因素，宁愿专注于积极的一面：你的承诺。

用于解锁读者情绪的秘密代码

我要告诉你一个秘密，但你不能告诉任何人。——很难想象英语中有比这句 18 个词组成的句子更为诱人的了。为什么会这样呢？

秘密为什么会让我们放下我们正在做的事情，左顾右盼，怀着期待微微颤抖？有两种可能的心理杠杆。

其一是稀缺感，而稀缺感是具有影响力的。从秘密的定义来看，秘密是不广为人所知的，甚至是根本就不为人所知的。所以知道了一个秘密，就意味着你拥有了稀有的东西、珍贵的东西。秘密是什么并不重要。只要有将秘密握在掌心的感觉本身就足够了。

其二是圈内人的感觉。我们喜欢从属于某个群体。归属感是美国心理学家亚伯拉罕·马斯洛提出的人类的深层需求之一。如果你知晓某个秘密，那么你就是某个专属俱乐部的一部分。

事实上，可能会有第三种心理杠杆。我们想要发现一些关于我们所认识的人的秘闻，这种想法就像身上某处的瘙痒一样等待被抓挠。有趣的是，"好色的（prurient）"这个词意味着对性问题（很多秘密正是关于性这个主题的）有不好的兴趣，它的拉丁词根的意思就是"痒"。

你很可能会相信有些秘密是我们普通人所不知道的，而只有少数狡猾且强大的人才知道，这并不代表你是疯狂的阴谋理论家。其实，也许你的确是。但是秘密是既好又坏的古怪文化产品之一。说秘密是好的，因为有些事情真的不应该广为人知，比如在好几年前那个办公室派对上的言行失检。说秘密是不好的，因为人们普遍认为开放和诚实本身就是有道德的。

我们都喜欢被告知秘密（我们中的一些人甚至会保守秘密）。被告知秘密会让我们感觉比不知道这个秘密时更为强大。力量是大多数人渴望的东西之一，即使他们不愿、不会或不能承认这点。这就使秘密成为影响他人行为的一个非常有用的工具。

秘密的力量

为什么秘密赋予接受者或持有者这样的力量呢？首先，一旦你有了秘密，你就可以决定是否、何时、在何处以及向谁告知这个秘密。这就是力量。而且，由于人们喜欢听到秘密（因为在听到秘密时，力量就被传递给了聆听者，尽管力量被稍微减弱了），他们会用各种手段来获取秘密。这是更大的力量。拥有秘密也被赋予了社会地位：你必须首先成为圈内人才能知晓秘密。这是更大的力量。所以秘密是这样一个令人难以置信的诱人词语，我们可以利用它来吸引读者的注意力并抓住他们的情绪。

蜥蜴：人们喜欢听到秘密。这使"秘密"成为说服他人过程中的强大词语。

所以，考虑到秘密有这样惊人的吸引人们注意力的力量，我们在文案中要怎样利用秘密的力量呢？用秘密来撰写标题就不错。

秘密和标题

你可以使用秘密这一概念为任何内容撰写标题。它不一定是"唐代中国僧侣们采用的神秘的冥想技巧"之类的内容（尽管这肯定适用于这种方法）。如果你要为管理咨询撰写文案：

> 假如你在商学院错过了这五个领导学秘密，你将扼腕叹息。

花园棚：

> 顶尖的园丁都极其信赖这种花园棚，但他们永远不会告诉你为什么。

排污管清洁剂：

> 能像剃须刀一样刮掉脂肪的秘密成分，使 Drainex 成为专业排污工程师的选择。

反例：专业人士将白醋作为窗户清洁剂的秘密成分。

佳作：这本书涵盖了所有的秘密，除了一个之外。（大卫·奥格威《一个广告人的自白》的新闻广告）

如果你的产品或服务在竞争中具有明显的优势，你就有了一个现成的角度。它被称为 DLS，意思是"肮脏的小秘密（dirty little secrets）"，例如：

> 办公室清洁行业的肮脏的小秘密。

设施经理们将无法抵制继续阅读下去的诱惑。

或者你看这个例子如何：

> 腰痛的秘密补救措施（以及为什么你的医生永远不会告诉你这个秘密）。

或者，如果你可以向人们提供信息以帮助他们更好地完成工作，或更好地享受生活，则可以使用如下所示的标题：

> 重现于世！只有古希腊人知道的改善记忆秘方。

又或者，你可以写一个小故事来吸引读者：

> 这个布朗尼的秘密配方会不会是英国军情五处（MI5）逮捕《烘焙和烘焙师》编辑的真正原因？

你甚至不必用"秘密"这个词来构建一个关于秘密的标题：

> 律师们恨他，会计师们希望他死，但这个来自伯明翰的失业男子毫不在乎。

灯泡时刻：无论你选择在文案中怎样使用秘密，它都是促使读者从标题一直往下阅读的最强大力量。

无论你是要撰写一个主题、一篇博客，还是在产品包装、网页或老式小册子上撰写文案，使用"秘密"这个词都不会错，因为这是一种久经考验的方法，可以让更多的人读完你写下的文字。

秘密和谎言

揭开秘密的另一种方式是揭示谎言。从某种意义上说，谎言是秘密的一种形式：说谎者知道你不知道的事情（真相），并且他们不会告诉你。

永远不要对你的读者撒谎。除了道德问题之外，还因为我敢打赌，你的谎言迟早（往往是早）会被发现，并在全球社交媒体上被公布。然而，谎言这个词本身拥有巨大的力量。正是因为撒谎令人皱眉①（这是轻描淡写的说法），它才是写作者的有用工具。下面是原因。

没有人喜欢被骗。如果他们发现自己已经被骗了，他们就会生气。我们知道愤怒是六种普遍情绪之一。事实上，如果你在文案构思中写下你希望读者感到愤怒，我会说使用谎言是帮助你实现这一目标的最快方法之一。

假设你通过研究发现你的读者被骗了，无论是被他们的政府、专业顾问、医生还是特定的组织欺瞒，你都要告诉他们！

为什么故事有效，以及如何讲述故事

据说——而我对此深信不疑——人类大脑的构造决定了人天生喜爱故事。这听起来有点像陈词滥调。但这是真的吗？答案是肯定的。无奖竞猜：我们大脑的哪一部分决定了我们对故事的喜爱？我听到你的回答了：大脑

---

① 在世界主要宗教中，禁止撒谎（包括作伪证）是控制社会行为的四项基本规则之一。其他三项基本规则是禁止杀人、偷窃和不恰当的性关系。

边缘系统。恭喜你，答对了。大脑边缘系统这一人类大脑最原始的部分，在我们感受到情绪并做出决定时，会让核磁共振扫描仪嗡嗡作响；与此相同的是，当我们在听故事时，边缘系统也会像烟火表演一样被点亮。有趣的是，当我们被要求解释故事的意思时，边缘系统会平静下来，前额叶皮层会开始工作。这是情绪在工作和理智在工作的基本区别。

因此，在书写被发明之前很久，洞穴中的男人、女人、儿童、狗和洞穴仓鼠围坐在篝火旁，聆听部落中的故事讲述者创造出想象的世界、传说、神话，以及解决方案——如何用棍子和石头做的长矛捕获猛犸象。问题是，为什么会这样？

为什么我们的大脑构造决定了我们会对故事做出感情回应？目前的人类学和心理学理论表明，故事过去是——并且现在也是——用来传授重要的道德和实践经验的。而如果我们会对故事做出感情回应，我们就被赋予了进化优势。

例子：爸爸乌格讲故事

想象洞穴中的儿童正准备去森林里玩。"在你去玩之前，"爸爸乌格说，"我必须告诉你一件非常重要的事情。湖边大树上的红色浆果可能会导致严重的胃肠不适，并可能导致死亡。"而这是孩子们实际听到的："这个那个这个那个玩这个那个这个那个这个……"这时要给孩子们提供信息为时已晚，因为他们已经在想着和朋友们玩了。

现在让我们重演这个场景，但是爸爸乌格用一种不同的方式给孩子们上课。"在你去玩之前，"他说，"我只想告诉你上周小奥格怎么了。"他们停了下来，呆呆看着爸爸乌格。"他出去玩，觉得饿了，就从湖边那棵高大的树上摘了一些红色的浆果。你猜怎么着？他捧着肚子痛苦地尖叫起来，摔倒在地，死了。好了，享受愉快的出游吧。"猜猜接下来孩子们还会不会去吃浆果？

因此，会聆听故事的人很可能会活得更长，这就将他们的基因传递给了下一代。他们还会向自己的后代讲故事，这就以行动延续了讲故事的习惯。事实证明，对于写作者来说，讲述故事的写作方法也非常有效。下面就是一个例子。

在企业宣传册上讲述故事

我曾经为一家大型美国公司撰写企业宣传册。他们希望摆脱通常夸张的风格，使用更具人性化的风格。这是我向他们的营销总监建议的。

"我们为什么不讲一系列的小故事呢？"我说，"你可以向读者展示如何让他们的生活变得更轻松的实例，而不是仅列出好处。"

"这样不会有点太奇怪了吗？"她问道。

"如果我们专注于业务问题以及产品如何解决这些问题，就不会奇怪了。"

所以我就这么做了。我写的故事是关于不同专业人士的典型工作日是怎样的，包括营销经理、邮件收发部门经理、财务总监和人力资源经理。这是小册子中的一段。

反例：1972 年，我们发布了关于英国消费市场的第一份报告。

佳作：上午 8 点 30 分，营销经理迈入办公室。截至上午 10 点，她已用黑莓手机收了 45 份电子邮件，11 封直邮，在个人电脑上收到 3 个 PDF 文件，还收了 2 份包含广告宣传活动礼品和背景材料的样本、15 封内部邮件、4 张发票和 1 份由新聘的直销机构拟定的合同草案。［选自作者为必能宝（Pitney Bowes）撰写的企业宣传册］

小册子中的每个故事都具有好故事所需要的四个重要成分：

1. 主角，也就是中心人物。这是我们希望读者认同的人。

2. 困境或问题。这是我们的客户可以使之消失的问题。

3. 叙述。简单地说，就是讲述发生了什么。

4. 问题的解决。也就是故事如何结束。

对于其中的一个主角来说，她及时回到了家，给了她的孩子一个晚安吻。

好的故事通常会让主角经历某种变化。你可以认为，这个变化就是成为我的客户的客户。

案例分析 为"星星的请求"（The Stars Appeal）所写的筹款信

以经典的《……是如何……的》为标题，加以故事的润色——引人入胜的开头。

这是一张真人照片，他名叫查理·罗斯（Charlie Ross）。乔·凯利（Jo Kelly）采访了他，并写下了这封信。信件标题则以微缩形式讲述了整个故事。

查理·罗斯（Charlie Ross）
癌症幸存者，
受益于一次 CT 扫描

"星星的请求"
（The Stars Appeal）
索尔兹伯里地区医院
（Salisbury District Hospital）
索尔兹伯里
SP2 8BJ
01722 429005
www.starsappeal.org
慈善机构注册号：1052284

CT 扫描是如何拯救我的生命的

亲爱的信托基金会成员：

几年前，我脖子上发现有一个肿块。我女儿坚持要我去检查一下。尽管做了很多不同的检查和测试，却没有人知道究竟怎么了，直到我的医生将我转诊到索尔兹伯里地区医院，那里的专家让我做了一次 CT 扫描。

CT 扫描后几天内，医生就确诊了。我被告知患了霍多金淋巴瘤（Hodgkin's Lymphoma），这是癌症的一种。被发现时，肿瘤已经存在一段时间了，医生希望尽快开始治疗。那次 CT 扫描很可能挽救了我的生命。

"星星的请求"（The Stars Appeal）是索尔兹伯里地区医院（Salisbury District Hospital）名下的慈善机构。负责筹集资金，用于英国国家医疗服务系统（NHS）所没有覆盖的额外护理和设备。

这封信与医院的新闻刊物一起发出，为购买一台 CT 扫描仪筹集资金。

这封信由太阳鱼创意总监乔·凯利撰写，以一个故事开头，并获得了令人印象深刻的结果：

回复率：5.6%

营销投资回报率：4 216.7%

我们需要一封令人信服的信函来发送给医院的 10 000 名会员，以鼓励他们支持我们的 CT 扫描仪筹款计划。这封信效果极佳，帮助我们实现了筹款目标，使我们能够尽早购买扫描仪。

["星星的请求"筹款总监戴夫·盖茨（Dave Cates）]

文案写作者的讲故事技巧

以下是更多的讲故事技巧。

简洁犀利的风格

> 有一个观点为众人所赞同，相关措施应被我们采用，以确保员工能够在未来更深地被品牌价值观吸引和激励。

这不是我所说的简洁犀利的风格。从技术上讲，这是叙事。但这是一种非常无聊的叙事方法，主要以被动语态写成，并且充斥着空洞术语。

不如这样写：

> 我们采取措施以品牌来吸引和激励员工。

而如果这样写还会更好：

> 我们的客户服务经理朱莉说："现在，我了解我们的品牌，而且我相信它。"

当你在讲述故事时，请始终记住，你的读者没有为阅读它而付费——这仍然是商业写作。或者，换一种说法，这依然被称为垃圾邮件、广告邮件或营销软文。因此，应该让故事在轻快的阅读氛围中继续，不要写很长的介绍或说明性的段落。

正如好的小说一样，你应该通过动作而不是描述来讲述你的故事。对话是动作，事件是动作，形容词、最高级和陈词滥调不是动作。

💡 **灯泡时刻**：每个故事都需要一个主角。让你的主角成为有血有肉的人，这样你的故事就更能够吸引住读者。

对话

大家都知道，客户推荐是增加销售额的重要途径（虽然让我感到惊讶的是，很多组织都不会在他们的网站或宣传材料中使用客户推荐）。

但是，以"客户推荐"为标题，后面列上一串不加修饰的引用，这样未免有些无趣。

为什么不把客户推荐更巧妙地融入你的故事呢？将推荐者作为故事中的主角，将他的推荐作为对话。我是这样做的。

　　　　当我坐下来写信给你时，我知道你可能会持怀疑态度。毕竟自主客户增加 500% 是一个相当大胆的承诺。所以我询问了我们最新的客户（或者我应该称她为最新被转化为客户的人），与你分享她的经历。

　　　　她的名字叫琼·基尔布赖德（Jean Kilbride），琼是顶点装置公司（Acme Widget Corporation）的经理。当我问她是如何找到我们的时候，她告诉我：

　　　　哦，安迪，去年我们在准备第一季度的销售报表时，简直惊呆了。

　　　　我们知道开局不错，但自主客户增加了 650%？我们那时认为这是一个手误造成的，应该是 65% 才对。

　　　　但是当我们重新检查时，确认是 650% 无疑。于是我们迫不及待地续约了白金级服务协议。

惊讶

　　我们不希望读者因为可以预测到故事的发展而打瞌睡。所以如果你能提供惊讶——或者更好的是，震惊——他们就会被唤醒。也许像这样：

　　　　一直以来，我都在告诉你，如果参加我举办的职业发展大师班，就会成为今年雇主不惜高薪重聘的理想人选。但我要告诉你一则新消息。

　　　　这可能不会发生。

　　　　原因是——

　　　　大多数人没有足够的动力、献身精神或能力将我的想法付诸实践。但也许你是不同的。这个快速测试会给你答案。

打动人心的细节

　　如果说营销文案与哪一种小说相类似的话，那就是短篇小说了。你必须将大量的细节和情感压缩到非常短的篇幅之中。所以，啰唆的描述就出局了。但是，鉴于我们试图向潜在客户展示的是特定的画面——客户使用产品后的生活——我们需要的只是一个打动人心的细节。

像这样：

> 新的 MazTech 排气系统已经装好了。你已经准备好开车了。从外面看，你的骄傲和喜悦与以往并无不同。你用拇指按下启动按钮，并点燃油门。听见声音了吗？遮盖了排气声的声音？
>
> 你刚刚触发了停车场内所有汽车的警报！
>
> 这就是 MazTech 的作用。一切尽在你的掌握。

人物素描

赋予你笔下的主角一定的深度。你不需要写一个长句描述他的成长、职业和信仰。只需要一些精心挑选的词汇，将角色塑造得有血有肉。他们每天喝 11 杯咖啡来保持清醒吗？或者他们可能想在午餐时间去跑步？

聚焦故事的目的，你不是在进行文学写作，你的目的是销售，确保你向读者展示了你所宣传的产品是如何解决主角面临的问题的。

悬念

我不是指某种类似史蒂芬·金（Steven King）写的悬疑小说，让客户的脖子上汗毛竖起。只是某些比如他们会愿意这样做还是那样做的悬念。比如：这是有效的吗？或者是没效的？又比如：她可不认为这会有用，但后来这真的有用！

也许最有名的例子是美国传奇广告写作者约翰·卡普斯（John Caples）写的广告。即使你不知道那个广告，你也会对它的标题有所耳闻。

佳作：当我坐在钢琴旁时，他们嘲笑我。但当我开始演奏时——

发生了什么？当你开始演奏时发生了什么？

这个标题被无休止地复制和调整，包括卡普斯本人在内。

假设你正在推广一种新的快干工业漆，不妨试试这样写：

> 当我穿着最好的西装倚靠在新漆的油漆上时，工程师嘲笑我。但是当我转过身来时——

现在时

试试这个：为了让故事听起来更直接，使用现在时写作。"顾客还没有购买，所以我说的任何事情都必须用未来时写。"这是菜鸟会犯的错误。这个错误很普遍，但仍然是错误。比较下面两个句子，并评价它们的销售能力。

> 一旦你在个人电脑上安装了 MyPayRoll 软件，它每月将为你节省数小时的重复手动更新时间。

> 在每个月末运行 MyPayRoll 时，你都面带微笑，知道自己节省了数小时的重复手动更新时间。

在第一个句子中，文案描述了两种可能的未来之一。一种是使用了产品的未来，一种是没有使用产品的未来。文案还让读者思考了安装新软件所需的努力和潜在问题。它聚焦于因果关系，诉诸的是读者的理性。

在第二个句子中，文案让读者看到了结果。只有一种未来，而且是已经发生了的。这就绕过了安装软件所需的工作。它聚焦于拥有了产品后的生活，诉诸的是读者的情感。

为旅行，尤其是豪华旅行撰稿的文案写作者，一直都在使用这种方法。比如：

> 第一晚，你在马赛马拉（Masai Mara）唯一的餐厅树顶酒店（Treetops Lodge）享受星光下的美食。但这并不是这一晚与众不同的唯一原因。
>
> 你的餐桌位于建造在 5 棵猴面包树大树干上的铁木露天平台上，那些猴面包树有 300 年的历史了。
>
> 从这安全的有利位置眺望，你可以俯瞰平原，欣赏自戴维·利文斯通 [①]（David Livingstone）以来令旅客眼花缭乱的风景。

那么为什么改变动词时态会有这样的作用呢？有若干原因。

首先，现在时能吸引读者的想象力。这是所有销售人员的强大盟友。

当读者想象你所描述的情景时，这意味着在想象中他们已经购买了你所提供的商品。否则要如何才能体验到你所描述的情景呢？

老派的文案撰写者（包括我在内）会称之为"假定成交法（assumptive close）"。换句话说，我们不是在谈论他们是否会购买，而只是讨论购买之后会发生什么。

其次，我们在讲述一个故事。奇怪的是，为了讲述发生在未来的故事并使其令人信服，你要用现在时来讲述它。这是可信的未来——我明白，如果我做这件事，那么那件事就将会发生——但这样就仍然是一种可能性，而不是确定性。

这个简单的小技巧可以让你利用潜在客户的想象来抓住他们的情绪，这样无论你说什么，潜在客户都易于接受了。

---

① 戴维·利文斯通：英国探险家，维多利亚瀑布和马拉维湖的发现者，非洲探险的伟大先驱之一。——编者注

案例研究　艾米娅（Aimia）公司的"数据慈善"报告

> 想象你是一个生活在伦敦贫穷区域的年幼无依的孩子。父母分居，你和酗酒的母亲住在一间狭小的公寓房里。要在这样的境况下成长很是艰难，但在慈善机构的资助下，你正设法应对每天都要面临的生存困境。
>
> 你每天都去上学，并在阅读、写作和数学方面取得了很好的进步。你的个案工作者正在帮助你，但是也有人在帮助你的个案工作者，那些人才是让这个故事变得特别的人。

艾米娅（Aimia）公司是英国"花蜜卡"（Nectar）的所有者，作为其企业社会责任计划的一部分，它向慈善机构提供员工、专业知识和技术，来帮助慈善机构更好地利用数据。

这篇论文面向广泛的人群，包括艾米娅（Aimia）公司的员工、记者和慈善机构。人们对技术性内容的内在抵触，让我决定不提这些内容，而是直接以"交换身份"开始，让读者不得不在情感上与这些内容互动。前四句话中就有七个能牵动人们情绪的词语或短语："贫穷"、"年幼无依"、"分居"、"酗酒的母亲"、"狭小"、"成长"和"艰难"。为了保持专业的语调，并防止陷入多愁善感的情绪，我故意使用了高语域的词汇，即"生存困境"和"个案工作者"。

"数据慈善"这个主题可能有点枯燥，但在技术术语的背后，却是一个关于艾米娅（Aimia）公司如何履行其企业社会责任义务的伟大故事。我们想要一种全新的文案，能够在人们有机会预先判断材料的内容并置之不理之前，先抓住他们的情绪。我们觉得这个开头尽管标新立异，却行之有效。

　　　　——艾米娅（Aimia）公司文化与企业社会责任总监
　　　　加布里埃尔·德·瓦德纳（Gabrielle de Wardener）

如何构思你的故事

像任何其他风格的文案一样，讲故事也需要仔细地构思。以下是我认为你在构思时需要包含的内容：

1. 主角。故事的主角是谁？他们是真人吗？如果是的话，请尽可能写下详细的信息。你不会全部使用这些细节，但这有助于让他们在你的头脑里变得鲜活。

   如果主角是你的读者，这同样适用，但你可能需要和使用你的研究技能一样多地去使用你的想象力。

   如果主角是诸如花商、助产士、首席运营官或人力资源经理等典型人物，除了典型本身的特征之外，请记得赋予他们一些个人特色。

2. 主角面临的挑战。具体的挑战。不要只说他们需要削减税单金额。而要说他们需要节省至少 15% 的年度公司税，即 32 亿英镑。

   洞悉更深层的挑战。如果你要宣传的是商业产品，那么就不仅要提到主角面临的挑战，还有主角所在公司或组织所面临的挑战。如果你要宣传的是消费品，那么就还要提到主角的家人和朋友所面临的挑战。

3. 解决方案。解释你的产品或服务是如何以及为何能够帮助主角克服挑战的。你提供的服务有哪些能脱颖而出的特殊之处？是不是起到关键作用的特定的人？他们是谁，他们做了什么？

4. 带给客户的利益。当客户购买你的产品后，他们的生活会如何改变？多快就可以改变？可以节省多少钱？可以获得多少互联网约会？第七场比赛会发生什么？这些都是让你的故事可信的细节。

使用书面文字进行销售总是很困难。你的读者对你毫无信任感、压力重重，也很忙碌。讲故事可以让你绕开读者对营销信息的愤世嫉俗，并利用人们自从石器时代就根植于心的对娱乐的渴求。

会因为精彩故事而受到影响的绝不仅是洞穴人。每一种主要的世界宗教都有属于自己的故事存在，从比喻到寓言，从创世纪故事到起源神话。部落民族也依赖故事进行教学和娱乐。而诸如"骗子"这种故事原型更在全世界范围内出现，从非洲民间传说中的蜘蛛安纳西（Anansi）到美国南方的兔子布莱尔（Brer）和挪威神话中的洛基（Loki）。

当你开始下笔你的故事时，要发挥创意，做好研究，并永远记住你的目标不是娱乐，而是销售。因此，要确保你的故事与潜在客户的购买行为相联系，无论是直接联系还是更为微妙的联系。

相比公司演讲，故事更有可能被阅读，因为我们喜爱阅读故事。没有人会选择企业宣传册作为孩子的睡前阅读材料。（虽然不得不说，它很可能比小红帽的故事更能让孩子们尽快入睡。）并且请记住，人脑的构造决定了我们不会对市场营销话语做出反应。

从理论到利润

针对你的产品，你能对潜在客户提出一个承诺吗？尝试这种方法。为你的潜在客户描述一个因为购买了你的产品而让生活变好的场景。给出尽可能多的细节。他们赚到更多钱了吗？多赚了多少钱？他们将多赚的钱花在了哪里？他们是否摆脱了本会破坏生活乐趣的消极情绪？是摆脱了哪一种消极情绪呢？他们现在感觉如何？

你的产品与怎样的秘密有关？你有没有进行过研究，从而获得了只有你可以透露的秘密消息？你的产品是否使用了其他人已经忘记的古老配料？现在它就成了秘密配料。也许你拥有一种可以为你提供竞争优势的专有技术。从最基本的角度来看，任何你知道而你的客户不知道的东西都是秘密，直到你选择揭开这个秘密为止。举个简单的标题公式为例：揭开世界上最好的 ＿＿＿＿ 的秘密。

在本书提供的所有想法和技巧中，我认为大多数文案写作者在讲故事时都会遇到问题。这并不是因为讲故事很难。恰恰相反，它比许多其他风格的文案更容易。但对许多营销和商业人士来说，他们会感觉这方法不好。它太明显了，太简单了，太……基本了。我想问你一个问题：你是会甚至不测试一下就拒绝最强大有效的交流方式，还是会去试一试这种方式？

这是你需要做的。从一个基本的故事开始。你客户的故事。找到一位真正优秀的客户，一位多年使用你的产品或服务的忠诚客户，最好是一位超级粉丝。给他们打电话或写信，问他们是否愿意帮你写一个关于你的组织的故事。我敢肯定他们会说愿意，因为这是对他们的一种恭维（稍后我们会谈到这种技巧的）。你可以用这个故事来制作电子邮件、广告、信函、小册子、网站登录页面，乃至整个营销活动。

测试你的知识 ✔

1. 承诺应该包括详细解释这个承诺将如何被实现。对或错？

2. 你不必遵守你的承诺，承诺的作用只是引读者上钩。对或错？

3. 承诺的形式触发了哪种人类情绪？

4. 承诺倚仗的力量是什么？

　　a）承诺是将社会联系在一起的纽带的一部分

　　b）承诺听起来很刺激

　　c）承诺为被许诺者提供了一个"不可能输"的购买选项

5. 你给读者一道命令时，这种写作风格叫作：

　　a）权威语气

　　b）祈使命令

　　c）祈使语气

　　d）命令语气

　　e）傲慢语气

6. 什么特性使人们如此渴求秘密？

　　a）稀缺

　　b）尴尬的可能性

　　c）淫秽

7. "好色的（prurient）"这个词的词根是什么？

8. 以下标题用了"秘密"这个概念。对或错？

她成了一名收入有六位数的文案写作者，却永远不会告诉你她是如何做到的。

9. DLS 的意思是什么？

10. 当我们得知某个秘密时，马斯洛需求层次理论中的哪个或哪些需求被满足了（圈出所有适用的）？

　　a）安全需求

　　b）自我实现需求

　　c）归属的需求

　　d）社会地位需求

　　e）友谊需求

11. 以下哪些不是故事的关键要素：

事件　问题　结果　对话　主角

12. 当我们聆听故事时，大脑的哪一部分会有所回应？

13. 讲述一个假设的（即尚未发生的）故事时，你应使用哪种时态？

　　a）未来时

　　b）过去时

　　c）现在时

14. 你能说出任意一种有用的讲故事技巧吗？

15. 推动故事发展的是什么？

　　a）行动

　　b）情绪

　　c）张力

d）说明

e）描述

练习

练习7：产品的功能、产品带给用户的利益、承诺

绘制一个三列表格。将表格上的列（从左到右）标记为：产品的功能、产品带给用户的利益、承诺。

使用祈使语气写下你的承诺。也就是说，从动词开始句子，就像给出命令一般，如上例所示。

练习8：用承诺写出强有力的标题

你会注意到，一旦你写出了承诺，就可以很容易地以此为基础写出无数强大的标题。

使用你在练习7中写出的承诺，将其转化为标题。

至少写出5个标题。

以下是我为你准备的小小提示以供参考：

承诺

保护你的企业免受税务调查。

标题

如何保护你的企业免受税务调查

穿上企业税务调查的防弹衣

三个提示以保护你的业务免受税务调查

如何在不雇用昂贵会计师的前提下保护你的企业免受税务调查

你做好保护企业免受税务调查的准备了吗？

你的企业是否有遭受税务调查的危险？

练习9：脱身之计

我们都希望我们的承诺能成真。但不幸的是，我们无法完全控制客户的生活以确保承诺实现。所以我们需要给自己留一条退路。

在写下承诺之后，继续写几句关于如果承诺没有实现可以退款这样的文字，或者可以暗示承诺也有可能因为客户的问题（比如不够努力）而无法实现。

练习10：泄露秘密

使用以下标题公式，为你的下一个营销活动撰写标题。

你可以将"最好"改为另一个词语，如果那样更贴切的话。

揭开世界上最好的 ＿＿＿＿＿ 的秘密。

练习11：引人入胜

继上述标题之后，请写下销售邮件或信函的开头部分，继续这个秘密的主题。如果能帮助你发挥创意的话，你可以尝试从这里开始写下去：

亲爱的某某某：

我不确定我应该告诉你这个秘密，但我的老板说我可以这样做……

练习12：你被骗了

想象一下，你正在写信给环保活动人士，试图说服他们改变对潮汐能的看法。

你的立场是，潮汐能不但不是一种干净的、可持续的能源来源，它实际上对环境有着巨大破坏作用。

你发现潮汐能的支持者们经常援引某位著名学者的研究，而该学者是被拦水屏障制造公司高薪聘请的，甚至该公司本身就是一家大型石油公司的子公司。这是具有爆炸性的消息。

我为你写好了标题。我希望你写出邮件的前几句话（或者如果你对此抱有热情的话，那么就写出整封电子邮件）。

潮汐能的支持者们：你们被骗了

练习 13：为你的故事准备一系列问题

我希望你能准备一系列能够为你的故事提供素材的问题。这些问题将被发送给你最好的客户，所以你要把注意力集中在诸如他们从你那里购买产品的原因、他们成为回头客的原因、他们眼中你的产品有何特别之处，以及他们原本的需求是什么。

练习 14：挖金

找到你最好的客户之一，一位从你那里买了大量产品、在你的网站上留下真挚好评或主动给你的上司写了感谢信的客户。

与他们联系，询问他们是否能够帮助你写一个故事。在约定的采访时间之前，将练习 13 中的问题通过电子邮件发送给他们。

给他们打电话或邀请他们吃午饭并录下整个采访。采访结束后，将录音转化为文字记录。

练习 15：恭喜了！你刚刚写了一个故事

将你的采访记录大声朗读几次。从中删除离题的话。添加像这样的介绍性话语：

我想找到一种方式向你展示客户对产品的切身体验。因此，我没有聘请昂贵的广告公司或专业写作者，而是打电话给我们最好的客户之一，询问他的感受。这就是他的回答。

第三章　让客户产生共鸣

对人性的洞察力是关键的沟通技巧。

——威廉·伯恩巴克（William Bernbach）

很久以前，我的一位导师告诉过我"个性化的文案"与"个人专用文案"之间的区别。他说个人专用文案非常简单：只需在文案中插入你所收集到的有关读者的数据即可。在数据驱动的市场营销史上，这意味着亲爱的史密斯先生，而不是亲爱的客户（我必须说，当时我们认为邮件合并是一个非常酷的想法）。他解释说，个性化的文案则要困难得多。这意味着你必须让你的读者觉得你理解他，也理解他所面临的问题；他不再只是邮件列表上的一个名字，而是一个人。

具有讽刺意味的是，我们经常会看到非个性化的个人专用文案的例子。例如：

反例：亲爱的马斯伦先生，作为一名专业写作者，我很高兴向您介绍我们激动人心的打印机耗材系列，并提供七五折的优惠价格。

如果把这称之为赤裸裸的讨好企图，那都是对赤裸裸这个词的侮辱。作者传达的唯一信息是："嘿！你猜怎么了！我知道你的职业以及工作地点。我是不是很聪明？"

无须任何进一步的研究，只需要有更多的想象力，他们本可以写出一些真正个人化的文字来——并非客户个人专用的文字，却仍然会对客户产生情感上的吸引力。也许是更像这样的文字：

> **佳作：** 亲爱的文案写作者，你遇到过这样的事吗：当你绞尽脑汁很多天终于可以打印出某个网站文案的初稿时，打印机却响起了滴滴声，告诉你碳粉耗尽了？真扫兴啊！

即使我不曾有过这种经历，它也足够接近我的日常生活，因此我会继续读下去。

对于任何有自尊心的文案写作者来说，培养洞察力和同理心是一项非常重要的工作。比起研究语法和标点符号来说，将时间花在培养洞察力和同理心是更好的投资。你总是可以聘请一名校对员，但聘请一名懂得同理心的人却真的很难。所以在本章中，我想向你介绍一种简单的技巧，可以用来增强你的同理心。同理心最重要的益处在哪儿呢？拥有同理心与成为市场营销者、文案写作者或企业家无关，却与成为一个真正意义上的人有关。我首先要教你使用想象力。

奇怪的是，当我写下这些文字时，电话铃响了。来电者是一位想在写作培训方面获得帮助的新客户。他告诉我，尽管拥有如此丰富的数据，以至于他不仅可以对客户进行细分，还可以进行微分分级，但他的市场营销人员却无法很好地使用这些数据；他们只是写下了针对每个客户的专用文案，但这些文案却无法吸引任何人。

*

到现在为止，我希望你同意我的看法，即：对你写的任何一份文案而言，最重要的人都是你的读者。读者有两种：单一读者和多位读者。

如果你正在通过电子邮件请一位重要科学家审查你的软件，那么这是第一种读者（单一读者）。如果你正在写信给 20 000 名科学家邀请他们购买你的软件，那这就是第二种读者（多位读者）。

如果你认为针对这两种读者应当有两种不同的写作风格，让我在此做一个郑重说明……

介绍有效文案的五个P

你应该以同样的方式为所有读者撰写文案。我们可以将这种风格归结为五个P。

图 3.1　五 P 风格

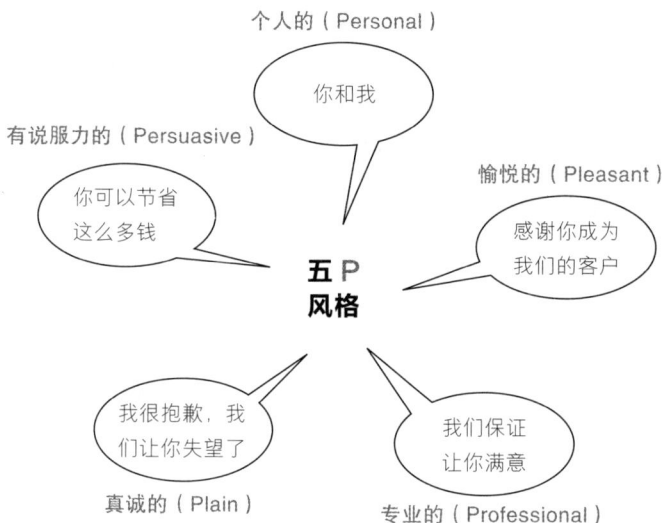

重复一个我以前在许多地方都着重提出的观点——从读者自己的角度来看，每个人都是单一读者。（除非他们有多重人格障碍，但即使如此，一次依然只有一重人格在阅读）

所以，两种读者之间的区别在于你对他们有多了解。

面对单一读者时，你可以找到关于读者你想要了解的一切。稍微挖掘一下社交媒体网站，利用搜索引擎做一点搜索，再询问一下他们身边的人，从读者去了哪所大学一直到鞋子穿几码，你就一切尽在掌握了。

明智地使用你充满洞见的新发现。你可以使用相关内容以亲切的语气写一封电子邮件或信件。以最可能让对方同意你建议的方式去打动读者。

面对多位读者时，你面临的挑战更加棘手。

任何你可以发现的关于他们的信息都是汇总的数据。也是非常含糊的信息。

你可能会被告知或发现你的读者年龄在 24 到 35 岁之间。所以，他们可能正处在一段感情关系中，但是他们是否有子女的概率在 50%。他们是否有抵押贷款的概率也在 50%。

或者你会得知他们中 70% 是男性。我有信心说这意味着 30% 是女性。如果他们做生意，超过 50% 将是主管级别的，剩下的 50% 则没有行政洗手间的钥匙。

▶ **试试这个**：将你的理想客户描绘成一个虚构的人物。

赋予他们内在的生命，这是了解他们的好方法。那么该怎么做？我们如何摸索出一条通向他们灵魂的通幽小径去发现什么能吸引他们？现在是我们开始像小说家或剧作家那样思考的时候了。我们必须创造一个角色。但不是随便一个角色，而是一个有血有肉、可信、充满生命力的角色。

创建客户的角色形象

要为你的潜在客户创建角色形象，一个简单的方法是写下他们可能拥有的特征列表。特征可以是生理的、物质的、心理的、情感的、形而上的、社会的或环境的。假设我们选择财富 500 强首席执行官为潜在客户。

他们可能有以下特征：

- 男性；

- 40+；

- 富有；

- 雄心勃勃；

- 自信；

- 有紧迫感；

- 长时间工作；

- 已婚已育；

- 驾驶豪车；

- 坐拥地理位置优越的豪宅（城市或乡村）；

- 滔滔不绝；

- 进取；

- 自由市场主义者；

- 穿着体面；

- 奋斗者；

- 焦虑；

- 有很多熟人，却几乎没有亲密的朋友。

这是一种刻板印象。也有些首席执行官不符合这种情况，但并不多。

即使考虑到这种方法不算细致，它也能让你深入了解文案读者的性格和个性。如果觉得这对你有帮助，请尝试使用此模板为目标读者构建角色形象。

你还可以采取另一种方法来完善你所构建的角色形象。拿出你的特征清单，并用打钩或画线来标记每一个特征。打钩的意思是"品牌的每个产品所共有的"。画线的意思是"可能共有但不确定"。被勾选的特征代表了你所创建角色的核心，你为此所写的任何内容都会让读者产生共鸣。我曾与一家大型杂志发行商合作，他们投入了大量的时间和精力为每个品牌创造目标读者。他们为其中一本杂志创作的角色称作"巴勃罗（Pablo）"，他们甚至委托设计师制作了一个全尺寸的广告立牌，放置在开放式办公室的中心。这棒极了。

如果你在创建角色时需要帮助，请下载并填写"了解您的客户"工作表。

复制一对一对话的感觉

你可能不需要我告诉你，"你"是英语中一个非常特殊的词。无论是哪一种呈现方式，在印刷品上、在屏幕上或者是被大声朗读出来，"你"总是指同一个人：读者／听众。

试试这个：使用"你"和"我"在你的文案中创建对话感。不要太担心这两个单词出现的确切次数。让文字自然流动就好。

考虑到大多数人都将自己作为最有意思的主题，一篇一直在使用"你"这个词的文章必定是关于他们自己的，因此让人感觉引人入胜。但在缺乏经验或笨拙的写作者手中，"你"可能会失去本有的力量。我来告诉你为什么。

写作者没有将阅读人数和写作人数匹配好。是的，只有一个读者。但似乎有多个写作者。

通常情况下，它表现在这样的例子中：

反例：你是那种对家居装饰很有鉴赏能力的人。这就是为什么我们通宵工作以在 barginacious.com 上为你呈现本季最不可错过的优惠活动。

"我们"这个词让这段信息失去了个性化，让人觉得这只是企业垃圾邮件的一部分，可以随意处置。现在比较一下这个稍做调整后的版本：

佳作：我认为你是那种对家居装饰很有鉴赏能力的人。这就是为什么我昨晚通宵工作，为你带来本季最不可错过的优惠活动。

现在感觉像两个人之间的对话了。

以下是我为一家非常高端的投资公司撰写的文案，与客户谈论公司的价值观：

> 　但我们知道生活中有比工作更重要的东西。所以我们喜欢不时地放松一下。无论是团队滑雪旅行还是与客户共进晚餐，我们都很享受社交，重视彼此的感受。

整篇文案中没有"你"这个词，却完全理解了公司客户对投资顾问的期待，以及他们希望自己被怎样对待。

案例研究　《经济学人》订阅营销活动

《经济学人》

某某先生
某某路 123 号
某某镇
某某郡
AB1 2CD
英格兰

The Economist

BANKSTERS
Britain's price-fixing scandal and its global impact

我们将帮助你拥有
自己的观点，无论是
关于什么主题。

在这七种情境下，对世界更充分的了解会带给你怎样的助益

某某先生：

在未来的若干月中，你是否可能面临以下七个情境中的某一个？

你可能与某个新客户共进午餐，或者与好友共享晚餐。你可能与潜在投资者或上级同事一起开会。你可能去一个不熟悉的城市或国家旅行。你可能与陌生人在派对上聊天。

对你而言，这些场景绝不陌生，可谓是日常工作和社交场景了。

你有自己的兴趣所在和专业所长。当谈论这些话题时，我想你一定游刃有余。

但当对话转向了你并不感兴趣的领域时，又会如何呢？你的知识面是否足够宽广以应对这种情形？

这听起来像是你会经历的吗？

《经济学人》相信对世界有更充分的了解是大有裨益的。我确信你也如此认为。为了确认我的想法（《经济学人》不喜欢做不经证实的假设），也许你可以试着回答一下以下三个问题：

你是否阅读兴趣广泛并对世界大事颇有了解？

你是否有旺盛的求知欲并不仅仅满足于"给老板留下深刻印象"？

你是否认为对世界的了解本身就是有价值的？

对你而言，了解世界帮助你更好地生活。

《经济学人》学生专刊——想要对世界有更深入的了解吗？

www.economist.com/12issues12pounds

12 篇文章只需￡12，现在就订阅吧！

《经济学人》在 Google+ 上拥有 6 860 781 名订阅者

纸质杂志订阅　　　电子版杂志订阅

3 个月 12 英镑　　　纸质版 + 电子版

《经济学人》杂志希望开展一项整合的印刷和数字营销活动，以获取能带来收益的新用户。重点在于推销出《经济学人》所具有的价值，而不是依靠优惠。

目标用户是那些将了解世界上发生的事情视为深层次的个人价值而不仅仅是作为晋升途径的人。

由于营销团队将分析置于其运营的核心，因此该营销活动将进行科学测试，特别是将赞助商广告链接（AdWords）和直邮作为对照组。

方法

在阅读了包括客户研究在内的广泛摘要之后，我思考对于目标读者来

说，见闻广博是与他们的自我意识深深联系在一起的。虽然他们不一定会炫耀，但他们会重视因为充分了解世界而有的信心。通过将我的文字集中在社交情境上，我鼓励他们想象如果他们的见闻被发现有缺角时，他们会有怎样的感受。在他们的脑海中种下了一颗怀疑的种子后，我在文案的其余部分告诉他们，订阅《经济学人》意味着永远不必说"我不知道"这四个字。

尽管我们使用了多种不同形式的文案，从赞助商广告链接到四页销售信函，但文案的主要主题（也就是大的创意）保持不变。此外，《经济学人》进行的 A/B 测试再次表明，较长的文案（四页）的效果超出了较短的对照组（两页）。

"我想给你写一封简短的电子邮件，告诉你你的按次付费广告（PPC）文案效果超过了对照组。现在它正广为流传呢！"

《经济学人》欧洲、中东和非洲市场高级营销主管 马特·科奎林（Matt Cocquelin）

忘记文案，尝试疗愈

想象一下，你患有关节炎，你的手很痛，打字会使情况变得更糟。以下哪个邮件标题会使你想要阅读电子邮件：

> 关节炎？

> 推出革命性的新型键盘，可以解放双手

我刚刚在办公室尝试了这个问题。对我（以及我的文案）来说幸运的是，我所问的每个人都说答案是第一个。"关节炎？"对每一位关节炎患者来说都是相关的，因此自然能吸引人。而"推出革命性的新型键盘，可以解放双手"则只与那些需要新型键盘的人有关。

我在这里想要提出的是，文案撰写者需要转变视角——从什么使你感兴趣，转变到什么使你的潜在客户感兴趣。如果这两者一致，那么你是一个幸运的写作者。假设你是为非常抢手的小工具制造商工作。那些小工具是如此抢手，以至于尽管有竞争对手提供性能更好、功能更多、价格更便宜、更不易出现毛刺的型号，人们仍然会为你的客户排起长队。假如这样的话，你作为写作者的工作就很简单了。你只需宣布有商品出售并在白色背景上拍摄美丽的产品照片，任务就完成了。

但是，假设你的工作要更加微妙一些。也许你宣传的产品，是那种一旦被潜在客户发现就离不开的产品，但该产品并不容易被人们的慧眼相中。它只是非常好，却还没有成为时尚潮流。文案撰写者往往会夸大产品的优势，肯定地（也是错误地）认为一旦客户被告知在相同的情况下某个产品更好，客户就会蜂拥而至。这是我们常说的"更好的捕鼠器"谬误。问题是，人们不希望拥有更好的捕鼠器。他们想要的是死老鼠。我的意思是，他们希望房子里原本活着的老鼠最好现在已经死了，而不是真的希望在邮件中收到一群死老鼠。总而言之，他们想要的是房子里不再有老鼠。

你需要做的，是把更好的捕鼠器放在一边，也许是靠在踢脚板上，然后把你的顾客放在你面前。还记得你的客户吗？在上一章中，你为他们创造了一些精美而丰富的角色形象。现在，问问你自己，他们最大的问题是什么？答案是老鼠。

对客户感同身受（同理心）

了解客户的感受对于建立融洽关系、信任以及最终的销售至关重要。总的来说，这可能是对人类状况的一种悲伤反映，或者也许仅仅是在市场营销时才如此——我们的销售对象不是心满意足的人。不，这么说还不够精确。

当心满意足的人购买东西时，做出购买决定的绝不会是他们满足的那部分。人们买东西都是为了解决问题。

这些问题可能是基本的，例如"我饿了"。或者也可能更……我应该怎么说呢，更中产阶级一些，例如"我需要在海滨别墅步行距离内找一位普拉提老师"。

作为一名文案写作者，你的第一个目标是定位客户的痛苦所在。找出造成他们不满的原因，你便可以开始着手推销。

灯泡时刻：找到你的读者的痛苦所在，你就已经找到了唤起他们情绪的钥匙。

（顺便说一句，我仅仅是假设你的产品可以缓解潜在客户的痛苦，但如果你卖装兔子的笼子，而你的客户正在遭受焦虑，你就需要继续挖掘了。）

定位客户的痛苦所在之后，又要做什么呢？有很多方法可以利用你的新洞见。

你可以用它做你的标题。假设你正在销售可缓解关节疼痛的铜手镯。

反例：你准备好体验铜的奇迹般的治疗特性了吗？

佳作：关节炎？（来自作者收到的一封电子邮件）

由于关节炎而忍受痛苦的人们需要的是找到某种东西让自己不再疼痛。他们不在乎它是铜、铝、大象的毛还是绳子。

在出售疝气治疗药时，美国文案写作者约翰·卡普斯（John Caples）使用的标题只有两个字……你猜对了……就是"疝气"。

这种方法对每个看到广告的疝气患者都具有吸引力。这种吸引力足以让他们停下脚步，继续读下一句话。另一位著名美国文案写作者约瑟夫·休格曼（Joseph Sugarman）则声称，吸引力是标题的唯一目的。我赞同他的观点。你的标题向客户推销你的文案，你的文案则向客户推销你的产品。但是你不必止步于标题。这种方法也可以写出一个很好的文案开头。

我们可以用三种不同的方式来继续写这篇关于关节炎的文案：

三个问题

当你的手疼痛难耐时，你是否难以集中注意力？你是否不得不停下手头的某件事或放弃某个爱好——因为疼痛让你分心？你是否已经厌倦了药物、乳膏和针头？如果是这样，我有一个好消息要告诉你。

令人惊叹的消息

明尼苏达州一位 86 岁的女性宣称她因关节炎疼痛难耐的手如今一点都不疼了，而且没有使用任何药物，这令科学家们惊叹不已。

震惊

"我真希望可以把手给切掉！"这是关节炎患者伊莱恩·里奇饱受疼痛时的心声。但是在说出这一令人震惊的心声仅仅两周后，伊莱恩又可以弹钢琴了。

当你继续将文案写下去时，我想你希望开始谈论产品能带给客户的好处。与其简单地列举这些好处，你可以将它们编织成会在将来发生的故事：

想象一下，在戴上手镯后的短短几天内，你可以完成简单的任务而不会感到疼痛或不适了。你可以打开罐子，或者轻松地找到合适的零钱来支付停车费。

无论是更新博客，发送电子邮件给孙子孙女，还是与朋友一起玩纸牌，你都可以再次开始享受你的爱好。

如果无须担忧半夜会被疼醒，那么入睡就变得容易多了。

这种方法的价值在于它的普遍适用性。

无论你是卖铜手镯还是铜期货，唇膏还是车床，是产品、服务还是想法，都可以用。

蜥蜴：想象你的读者，凌晨三点还在床上辗转反侧。知道让他们无法安然入睡的是什么，要比你卖的是什么重要得多。

你的潜在客户面临着一个难题。在他们的世界里，这个问题要比任何你想要出售的产品都重大。他们有痛苦难耐的双手，表现不佳的资产，低自尊，不高兴的顾客，不满意的员工，狡猾的监管者……而你可以解决他们的难题。

所以下一次你开始写一篇新的文案的时候，尝试从客户的痛苦开始，再回到你的产品。你看世界的视角与你客户的视角截然不同。在你的眼中，你的产品占据了中心位置；而在客户的眼中，并没有你的产品的立足之处。所以要进入他们的世界并引起他们的注意，你需要谈论他们感兴趣的事情。大多数人都喜欢谈论自己的问题。这就是你应该做的。

写好文案无须键盘

我遇到过一些文案写作者，他们相当自豪地告诉我他们可以盲打。我却一直不觉得这有什么了不得。速度在这一行中并没有什么大作用。打字准确率也没什么大作用——那是校对存在的意义。但你知道吗？会打字的重要性也被高估了。写作过去和现在都和打字技巧无关。在过去，文案写作者常常使用一种名为铅笔的手持设备来从事他们的工作。有些人（嘘，悄悄听我说）现在仍然这样做。如果你愿意，你可以扫描你的手写文案，上传到一个网站，让远在世界另一个角落的人帮你打字。

或者，你可以将你的文案口述出来，发布到应用程序或数字录音机上，将音频文件上传到网站，让远在……哦，剩下的不用说你就明白了。我最喜欢的一个词是文书助手（amanuensis），意思是帮助他人写字（打字）的人。作曲家弗雷德里克·戴留斯（Frederick Delius）就有一位著名的文书助手，名叫埃里克·芬比（Eric Fenby）。芬比是一位年轻的作曲家，在戴留斯因为梅毒引发的失明和麻痹而无法动笔后，他成为戴留斯的文书助手。

相反，重要的是你有与客户在情感上产生联系的能力。所以，现在，让我们忘记键盘，专注于获取更多对客户心态的洞察吧。我准备了两个详细的访谈模板，可以帮助你进入客户的内心世界。第一个模板如果能与一位真正的顾客一起使用效果会很好，但是如果没有这样的机会，你也可以简单地在你的脑海中进行这次访谈。或者你可以找一家市场调查机构为你进行访谈（但必须是非常好的市场调查机构）。第二个模板中的问题是你的客户会想要问你的。使用这个模板时，你不需要真正的客户配合，只需要你自己和相当程度的诚实即可。

过程如下所示：

1. 弄清楚是什么能够吸引我们的潜在客户。

2. 确定潜在客户的痛苦所在（因为它与我们销售的产品有关）。

3. 向潜在客户展示产品是如何使他们不再痛苦的。

这些都不涉及打字。

事实上，即使你无法打字，你也可以是一位完美的文案写作者。即使你在一次奇怪的键盘事故中失去了双手，你仍然可以成为一位伟大的文案写作者。就是这样。

💡 **灯泡时刻**：成为一个好的说服者需要的是引起客户的共鸣，而不是盲打。

你需要花时间找到一种进入客户内心世界的方式。

十二个你要问客户的问题

1. 他们是怎样的人？

2. 他们的动力源自何处？

3. 他们喜欢什么？

4. 他们讨厌什么？

5. 他们的价值是什么？

6. 他们如何看待自己？

7. 别人如何看待他们？

8. 他们希望自己在他人心中是怎样的形象？

9. 如果他们能改变自己的某一点，会改变什么？

10. 他们为什么要改变这一点？

11. 他们将如何改变这一点？

12. 他们想要知道什么？

八个你的客户会问你的问题

然后你想象你在一个安静的空间里与你的客户面对面交谈。他们问你如下这些问题：

1. 你为什么想要见我？

2. 你想与我谈些什么？

3. 你怎样让我相信，我可以信任你？

4. 你打算如何使我的生活变得更好？

5. 你能证明它会起作用吗？

6. 有其他人使用过这个产品吗？

7. 我要怎样购买它？

8. 如果我对它不满意呢？

为了帮助你，我在这份面试指南中复制了这两组问题供你下载。

这是你文案的第一稿。它有着有力的、令人信服的语言，自然的、如对话一般的语调。然后你再在此基础上编辑。（好吧，这时手指就可以派上用场了。）

我曾构思过一个标题，它可以说是某次无意中听到的一个女人在街上对她的朋友所说的话的逐字记录。它是这样的：

> 内在才是关键。

这种方法有三大好处。

首先，这种方法将你从闪烁光标的暴政中解放出来，它可以让你专注于你想表达的内容，而不是你表达的方式。大卫·麦肯兹·奥格威（David MacKenzie Ogilvy）和约翰·卡普斯（John Caples）都是这种方法的粉丝。他们曾分别说过，文案的内容比其形式更为重要。

其次，这样做的话速度要快很多，所以你可以节省时间。

再次，最终的文案会听起来像是一个真实的人在与你交谈，而不是一个快被字典和企业指南噎到的人。

最终结果就是，你更有可能实现你自己设定的目标。

在我教授的一门课程中，一位参与者在茶歇期间有些害羞地走到我面前，告诉我她想在闲暇时间写一本食谱，但她想不出该写些什么，没有信心成为一名作家。"好吧，"我说，"你想从哪个角度入手写这本书？"在接下来的 10 分钟里，她脸上有了微笑，人也变得非常有生气，以一种非常引人入胜的方式告诉我她想要在这本书中写些什么——这本书主要是关于她妈妈的牙买加家庭烹饪菜谱。当她说完时，我对她说："不要写，说出来。然后让别人为你转换成文字。"你知道她说什么吗？"咦，我还可以这么做吗？"

其核心在于，文案涉及行为的改变。你的客户在早上醒来时无意做某件事，但读完你的文案之后，他们会去做这件事。

要改变一个人的行为是困难的，但并非不可能。单靠打字无法做到这一点。要做到这一点，需要的是同理心、洞察力和理解力。

从理论到利润

暂时忘掉你的产品。当你回头时产品仍然会在原处等你。现在，把注意力放在你的客户身上。他们对你和你的产品了解多少？全部了解了？他们的问题只是还没拥有这个产品而已？ 太好了！那么你需要做的就是告诉客户你已经准备好了他们所需的产品，等着他们下单订购了（或者你很快就会准备好——因为没有什么比一点儿期待更能激发购买欲了）。但也有可能此时客户对你的产品还一无所知。这也很棒！因为无论如何你都不会写这些内容。你的产品能解决什么问题？这才是你要写的内容。

当我还是一个初出茅庐的销售助理时，我天真地认为在跨国企业担任营销总监的人是易兴奋和轻信的，因此我在文案里大胆地说，我将在这个新的报告中告诉他们关于该行业他们所需要了解的"一切"。然而那个新报告中没有关于该行业的一切；营销总监也并不是易兴奋而轻信的。但是有一天，我在一个展销会上遇到了曾经的客户。她说："哦，不，我们不会将市场计划立足于你提供的报告上，我们只是在演示文稿中使用你的数据，以此向董事会表明我们做过调研了。"这便是你的产品面临的现实。你的产品要解决的真正问题是什么？如果你不弄明白这点，就糟糕了。

另外，我不知道你的打字技能有多好，我也不在乎。在写这篇文章的时候，我已经是具有 30 年经验的专业写作者了，而坦率地说，我的打字技术很糟糕。我所关心的是你是否理解什么能吸引人，包括什么能吸引你的客户。让我这样说吧，现在有免费的应用程序教你盲打，因此这个技能不具有太大价值。所以，从今天开始，我希望你能够重新专注于文案写作者——或者说，为获取利润而写文字的人——的真正工作，花少些时间在键盘上，花多些时间在人上。

我希望你能成为对"人"有深入洞察的专家：你永远不会找到一个可以教授这项技能的免费应用程序。哦，你可以找到吗？那么，也使用它吧。以下是我的一些想法：训练自己观察你周围的人；在工作中，在家里，在街上，在体育中心、商店和户外市场，无论你在哪里遇到人，都训练自己观察他们。有意识地（并且谨慎地）倾听他们的谈话。是的，如果你愿意，可以做些笔记，但要专注于他们说的内容而不是他们说的方式。

测试你的知识 ✔

1. 五个 P 是什么？

a）个人的（Personal），愉悦的（Pleasant），专业的（Professional），真诚的（Plain），有说服力的（Persuasive）

b）个人的（Personal），愉悦的（Pleasant），强硬的（Pushy），真诚的（Plain），有说服力的（Persuasive） c）承诺（Promise），权力（Power），产品（Product），音高（Pitch），图像处理（PS）

2. 用什么来描述你创建的角色？

a）形象

b）人物角色

c）前景

3. 你可以写出真正个人化的、却非个人专用的文字。对或错？

4. 什么时候可以告诉读者你正在向不止一个人写信？

a）总是

b）永不

c）仅限于读者超过 50 000 人时

5. 你应该在句子中使用多少次"你"？

6. 约翰·卡普斯为治疗疝气的药所写的广告标题是什么？

7. 寻找更好的捕鼠器的人真正需要的是什么？

8. 约瑟夫·休格曼认为什么是标题的唯一目的？

9. 以下哪一种方法不适合你在这种风格的文案中使用？

a）令人惊叹的消息

b）产品功能列表

c）震惊

d）三个问题

10. 在一天中的哪个时间段，你的潜在客户最可能为他们的问题而忧虑？

11. 你的读者问你的唯一一个问题是什么？

12. 文书助手（amanuensis）是什么意思？

13. 说出一个认同"文案的内容比其形式更为重要"这种文案理念的粉丝的名字。

14. 以下哪个是你必须了解的?

　　a）什么使你的客户生病?

　　b）什么使你的客户点击?

　　c）什么吸引你的客户?

15. 能找到更多赛马爱好者的最佳地点是什么?

练习

练习 16：创建人物角色

对于以下三种"类型"，请像我们在本章前面为首席执行官所做的那样，为他们各自创建一个人物角色。使用你的想象力、感同身受的能力以及对世界的了解即可：

- 老师
- 心脏外科医生
- 视频游戏设计师

练习 17：它活着，伊戈尔！它活着！

使用相同的方法，为普通客户、最差客户和最佳客户各创建一个人物角色。

练习 18：写出真正个人化的、却非个人专用的文字

使用练习 17 中创建的人物角色，给每个人写一封电子邮件，为你所在的机构发布一种新产品、优惠、活动或促销活动。不使用任何个人数据，只使用让每个人都感觉自己是唯一读者的风格和语气。

练习 19：车钥匙不见了

你正在为一种能够追踪失踪车钥匙的新设备撰写文案。

撰写一篇关注人们的痛苦而不是关注产品本身的广告，直到最后一行时才提及该产品。

练习 20：找到他们的痛苦所在

我希望你想象自己在对潜在客户进行一次谈话。你是精神病医生，他们是你的病人。直到你确信已经将他们的问题了解透彻才停下这次谈话。以下是谈话的前两句：

你：那么，跟我说说你的问题在哪里？

他们：医生，每天早晨，刚好在 3 点时，我的心脏都会一阵阵地跳起来，我的肚子也会感到一阵阵颤抖，我就会因此醒来。

练习 21："我可以让你的痛苦消失"

使用你对潜在客户痛苦所在的新认知，使用谷歌赞助商链接（Ad-Words）的字符限制（标题 25 字符，后两行每行 35 字符，再加上目标网址）编写三条按次付费（PPC）广告。

记住：以痛苦而不是处方开始你的文案。

练习 22：访谈你的客户

使用 12 个问题的客户访谈列表，了解他们的内心世界。如果可以的话，用这些问题来引导这次访谈。

练习 23：接受客户的问询

现在使用 8 个问题的列表，如实地给出你的答案，为访谈添加关于你的那方面。

练习 24：爸爸，看！没有手！

启动语音记录器应用程序或打开数字录音机，然后开始与客户交谈。

解释你对他们的问题的了解，以及你的产品将如何使他们的痛苦消失。

然后获得录音的文字稿——有便宜的在线服务可以为你做到这一点。

最后，编辑文字稿，直到你获得一篇听起来自然而有说服力的文案为止。

第四章　恭维是无所不能的

每个人都喜欢被恭维。

——本杰明·迪斯雷利（Benjamin Disraeli）

简介

当有人赞美你时，感觉如何？觉得被冒犯了？高兴？快乐？可疑？大多数人会从这些答案中选出第二和第三项。这并不令人惊讶，不是吗？我们喜欢被赞美的原因并不难弄清楚。赞美是对我们所做的决定的肯定，无论这个决定是剪头发、挑选特定的服装、发表某个演讲还是以某种方式抚养我们的孩子。赞美使我们对自己感觉良好。赞美把我们置于中心位置。赞美强化了我们关于自己的想法。只有一个附带条件。

赞美必须真诚。或者，诚实地说，在给出赞美时，给予者必须无比诚挚、毫无保留。如果我们在内心深处有些怀疑新发型让自己看起来像一只湿漉漉的长毛垂耳犬，被告知"这太棒了"就显得很假。但是，如果赞美者提出抗议，不，尽管新发型不如原来的那么美丽，但至少它的颜色让人耳目一新，我们就可以让自己相信了。

那么赞美在什么时候会变成恭维呢？另外，恭维有问题吗？从字面上来说，恭维意味着不应有的或过度的赞美。这两个形容词需要梳理和思考。不应有的赞美，意味着接受者没有做能赢得这种赞美的事情或者接受者不配得到这种赞美（但这不代表他们不会接受这种赞美）。过度的赞美，意味着接受者已经赢得了并且确实值得赞美，只是程度深浅的问题；同样，他们未必会介意被如此赞美。威廉·莎士比亚就很清楚这一点，不然他就不会在《雅典的泰门》（*Timon of Athens*）里这样写了："唉，人们的耳朵不能容纳忠言，谄媚却这样容易进去！"

我认为，考虑到我们在赞美读者时与他们中间横隔的距离，以及读者本就知道我们正在向他们推销的事实，只要赞美是建立在真实的基础上，略做夸张并不是坏事。"恭维"这种技术绝对是"仅限授权人员使用"的，即使它没被贴上"黑魔法"的标签。这是一种锋利的心理工具，只要运用得当，收益相当丰厚。所以继续使用它吧，我相信你有这个能力。

*

有时候，当我在文案撰写研讨会上建议人们应该在他们的电子邮件或销售信函中尝试恭维时，会有抗议声出现。反对意见分为两个阵营。

首先，他们认为恭维是不真诚的。好吧，如果你告诉一个矮个子他像红杉树一样高，或者对语法严谨者说他拥有语法创新精神，这的确不真诚。但这是粗糙的恭维，不会在销售或营销文案中起任何作用。

但是如果用"赞美"一词来代替"恭维"，这样可以吗？

罗伯特·B. 西奥迪尼（Robert B. Cialdini）在他的《影响力》（*Influence*）一书中指出，人们倾向于服从他们喜欢的人。他继续列举了能让别人喜欢我们的素质或行为，其中就包括了赞美他人。罗伯特·B. 西奥迪尼的观点并不特别令人吃惊。毕竟，我们肯定会对那些赞美我们的人有好感，即便这赞美是微不足道的。

蜥蜴：与贪婪一样，自我对于大多数人来说是一种强大的动力。即使对那些声称它不是的人来说，也是如此。

我认为，你可以给读者很多赞美，而不必变得过分谄媚。富有的读者显然很会赚钱。汽车迷知道很多关于汽车的知识。体育迷对他们的球队充满热情和忠诚。首席执行官在职业上很成功。护士有爱心。在确定了客户的个性特征后，将这些知识转化为真诚的赞美并不难。

谈到汽车迷，我曾有幸为《汽车测试报告》杂志（*Top Gear Magazine*）撰写了一系列更新通讯。几乎整个系列都是以单一主导的情感诉求为基础的。我告诉读者他们是"这样的男孩"，用这样的文字来赞美他们：

> 我知道你爱车，所以我想你可能会欣赏这张布加迪威龙的照片。
>
> 你我都知道汽车里有美，汽车里有娱乐……汽车里有趣味。
>
> 所以你觉得这样如何？撕下下面的优惠券并寄回给我们，你甚至还可以在下次服务时选择零食哦。

没有人会被恭维打动……也许他们会呢？

另一种反对将恭维作为销售工具的观点是，人们不会被它打动，"因为我就从来不会这样"。我更倾向于辩驳这一说法。有两个原因：

首先，我不相信任何人能够知道成千上万陌生人的感受，或者知道他们将如何行动。特别是当他们断言的基础是自己的感受或行为的时候。这并不科学，甚至可能他们自己的感受或行为也并不如他们所说。我知道这一点，因为面对反对者时我通常会赞扬他们的坦率，而他们无一例外高兴地接受了这一恭维！

其次，人们会被恭维打动。除了贪婪之外，自我主义可能是激励我们采取行动的所有因素中最有力的因素。当然这是从文案撰写的角度来看。在我们的私人关系中，我确信最有力的激励因素是爱，但是在销售中，获得胜利者桂冠的恐怕不是丘比特（Cupid）而是贪心（cupidity）了（尽管这两个词有着相同的拉丁词根 cupere，意思是欲望）。

在一次次的测试中，恭维读者的文案效果都要比其他文案好。问题是，为什么？

案例研究 CRU 集团的专业刊物续订邀请函

第一句话指引读者运用他们的视觉想象力。省略号暗示了他们应该继续阅读下去，从而发现要想象的场景是怎样的。

随后用现在时讲述故事，唤起读者的自豪感和自尊心。

CRU 集团

总部
芒特普莱森特街 31 号
伦敦
WC1XOAD 英国
电话：+44 207 903 2000
传真：+44 207 837 0976
www.crugroup.com

梅森先生
总裁
梅森金属分析公司
某某路 123 号
某某镇，某某郡
AB1　2CD　英格兰

[日期]

亲爱的梅森先生：

想象这样的场景……

你快要结束你的关于全球趋势的演讲了。在你总结收尾时，听众纷纷点头，望向你的目光中满是欣赏与理解。

我们都喜欢这种感受。喜欢被我们的同事、客户和伙伴视为专家。

这就是 CRU 集团出版《铜的监测》（*Copper Monitor*）的原因。

我们旨在帮助像你一样的客户呈现出最佳水准，无论你是在撰写报告、向客户或董事会演示市场潮流还是分析市场动向或行业趋势。

所以我此刻有些忧虑，因为还没有收到你对该刊物的续订。

CRU 集团提供有关金属和矿物的全球市场情报。这封信构成了续订推

广活动的一部分。

在进行此次推广活动时，收件人已经收到了许多邀请他们续订的信息。我改变了语气，以反映 CRU 集团对失去客户的焦虑，并向读者灌输了一种相应的焦虑——错过该刊物的焦虑。

> 我们改进后的续订推广活动，使用了一种更具人性化的语气并增加了发送次数，导致续签率从 76% 上升到 85%。
>
> ——CRU 集团营销经理比尔·布兰德（Bill Brand）

还记得我们在本书的开头讨论了马斯洛的需求层次理论吗？一旦你的基本生存需要——空气、食物、水、住所、安全——得到了满足，你的需求层次就会变得更加情绪化。最高的三个需求层次分别是关于爱与归属感的需求、自尊的需求以及自我实现的需求。而在那里——就在这三个需求层次的正中间——就是恭维可以直接满足的需求：自尊和他人的尊重。

当你恭维你的客户时，要诚恳。诚实给出的慷慨赞美将永远受到欢迎。

反例： 作为一位尊贵的客户……

佳作： 作为一个空中飞人，你习惯于比大多数人看得更远……（来自作者为商业杂志撰写的邮件）

我们需要知道别人认为我们很不错。你所要做的只是在文案中告诉你的客户你对他们有多看重。

何时在文案中使用恭维

如果你接受我所说的前提，那么你应该问的下一个问题是，什么地方最值得植入对客户的赞美？答案是，在开头。恭维是开始电子邮件、销售信件或网页开头的最安全的方式之一。它能抓住读者的情绪。它直接与读者交流，而且读者也一个字都不会反对。所以你吸引了读者的注意力，他们愿意继续阅读下去，因为你似乎讲得很有道理。以下这个例子教授了如何为"基于实力的招聘"的详情报告撰写宣传电邮的开头。这是经典的诱饵推销法：

> 亲爱的朱迪：
>
> 　　作为资深人力资源经理，你可能一天要收到数十封为人才流失提供解决方案的电子邮件。我敢打赌，你无视了其中的大部分。

好的，所以我们引起了朱迪的关注。第一个逗号至关重要：它向朱迪表明，还有更多事情将证明我们的赞美是真实的。

当她读到第二句结束时，她依然不愿意停止阅读。因为故事尚未完成。她在想："是的，你的意思是？"这是我们必须开始投放诱饵的地方。我们的下一句话是：

> 　　但是我知道你关注基于实力的人才招聘，因此你一定想听听我接下来要说的话。

这实际上是更深的恭维，因为我们向她展示了我们知道她对什么感兴趣。这句话的后半部分开始拉开诱饵并显现出钩子了。

> 　　专门为像你这样的高级人力资源经理服务，MazPeople 股份有限公司已经开展了一项关于人力资源总监对人才争夺战之态度的调查。我们最新的详情报告还为你提供了 10 条建议，帮助你吸引和留下最好的人才。

你可以采取任意的角度来切入这种方法。对于每一位读者来说，他们的生活都有几十个方面是可以赞美的，从专业上的实力到运动上的成功，从他们的社交技能到与动物的融洽关系。在你开始撰写文案之前，你应该思考并摸索出一条进入读者世界的方式，并在进入后观察一下，在他们的世界里，什么可以被用来写出最吸引人的文案开头。

更微妙的恭维：如何让花钱感觉像是一种特权

在很多情况下，人们不想要便宜的东西。人们想要拥有奢华的东西，经常只是因为它们是昂贵的。无论世界经济是爆炸式增长还是持续低迷，全球奢侈品行业都久盛不衰，就是最好的证明了。我觉得——虽然我没有证据证明这一点——法拉利的销售人员不会向老板抱怨，如果这车不这么贵的话就会卖得更多。

但高价有时意味着不必要的开支，这时就不太容易推销。但是，如果某种事物是不必要地高价（奢华的），那完全就是另一回事了。这种语言上的细微差别能导致财富的积累或损失。现在我们已经认识到，我们所有人都喜欢一定程度的奢华，奢华意味着地位，奢华意味着自尊和他人的尊重，奢华让我们对自己感觉良好。

我们要如何利用人们对奢华的喜爱来撰写文案呢？如果我们的产品真的是一种奢华的享受，那就很简单。但是，如果我们正在推销一种更普通的产品——例如会计服务——那么直接这么说就有些牵强了。我们必须要有创意。我们需要讲述一个故事……

酒店和出版行业使用恭维的例子

我刚从伦敦回来，去那里是为了教授一次培训课程。我住在了码头区的希尔顿酒店。因为每个月都至少要在伦敦住一晚，我加入了他们的旅行常客计划：希尔顿荣誉客会（Hilton Honors）。

当我预订房间时，我很高兴地发现，作为希尔顿荣誉会员，我有资格进行"自定义升级"。有三种不同的升级方案供我选择。所有这些升级都提供了更大的房间、更好的景观甚至还提供了阳台。但猜猜怎么了？

这些升级都是需要付费的。我承认，价格并不算高，但仍然是需要付费的。

希尔顿这么做很聪明。他们在客户刚刚购买之后就开始了追加销售，这是一个很好的时机。不仅如此，他们将自己的销售过程包装为一种会员特权，并且这样做很奏效！

▶ **试试这个**：客户购买后进行追加销售，因为那时他们最容易接受。

另一个例子来自一个不同的行业——杂志出版行业，即会员计划自动延续。

这意味着出版商每年在新的订阅期都会向你的信用卡收费，直到你告诉他们取消为止。这种完全合法的机制有一个技术名称：持续的信用卡授权，它类似于直接借记。

但从销售的角度来讲，告诉客户你每年都要突袭他们的信用卡账户并没有什么好处。所以你把它包装成"会员计划"。而我们对人类有什么了解呢？是的，人类是群居动物，所以他们喜欢加入群体。

事实上，上述两个例子都会给客户带来好处。在希尔顿客房升级的例子里，你只需要支付象征性的费用就可以获得更好的房间，这样你就可以有效地省钱并获得更舒适轻松的住宿体验。

在杂志出版商（或者其他足够聪明的人）的例子里，他们向客户提供了续期的服务，并不为这项服务收取任何费用。我曾经多次使用过一种文案，并且大方地承认我只是进行了改编，这就是将持续的信用卡授权交易标记为"会员自动续期计划"。

所以我有一个问题要问你：在你的产品或服务中是否有这样一个部分，

如果加以改动并使更多的客户接受，就会对盈利产生重大影响？客户是否会对这种改动持反对意见？你是否可以重新包装这一有价值但棘手的部分，使其看起来对你的客户有额外的好处？

好吧，我一口气问了三个问题。但它们值得一问，也值得回答。哦，顺便说一句，答案在文案里。你不需要重新设计产品，产品已经在那里了。这纯粹是关于文字的。

在商业上，就像在生活中一样，该赚的钱不赚永远不是好主意。如果你有一个能盈利也让客户受益的想法，却遭到了客户的抵触，那么你所需要做的就是更好地销售这个想法。

人们喜欢升级、会员特权和其他类似的好处。所以开动脑筋动笔吧。

灯泡时刻：不要害怕向客户再次推销，但每一次只专注于销售一件产品。

从理论到利润

如果要成功地使用这项技术，你需要跨过一些障碍。首先，你可以做到既使用这种方法又不违背自己的道德准则吗？我这么问，是因为对某些人而言这似乎会导致一些问题。读了接下来的内容，这就不应该成为问题。你要如何发现客户可以被赞扬的方面？你将需要对此做些思考。客户有哪些技能、品质和性格特点？他们因什么而感到自豪？他们是本身就有安全感，还是需要依靠别人的意见来维持情绪稳定？回答这些问题可以帮助你识别怎样的赞美之词可以让你的客户在阅读时频频点头，并且敞开心扉接受你之后打算说的话。

无论你是否在奢侈品行业工作，通过提供升级服务来恭维人都是可行的。重要的是，你是否可以借用包装或文字将你的产品或附加服务定位为特权、升级、"钻石服务"或高级服务。请记住，人们喜欢加入各种团体和俱乐部以获得归属感，所以你可以采取的最简单的方法之一就是创建一个用户俱乐部。制作一套会员礼包，写一封欢迎信，并发送给每位新客户。然后才是关键：找出一种鼓励重复购买或大宗购买的方法，只是你不这样称呼它，你将它称为"升级"。

测试你的知识 ✔

1. 恭维可以满足的人类需求是什么？

2. 在文案的哪一部分里使用恭维最为理想？

3. 恭维只在适用于读者本身情况的时候有用。对或错？

4. 谈到好感时，罗伯特·B.西奥迪尼认为人们倾向于服从怎样的人？

　　a）让我们笑的人

　　b）赞美我们的人

　　c）身体上对我们有吸引力的人

勾选所有适用的选项。

5. 人们喜欢被提供升级服务，其背后的情绪反应是什么？

6. 以下哪些不会成为奢侈品宣传计划的标题？

　　a）金卡

　　b）高级行政套房

　　c）特权俱乐部

　　d）经常买家俱乐部

　　e）圈内人

7. 奢华的东西和高价的东西有什么区别？

8. 如果你的客户对价格太高有所不满，你应该向他们展示什么？

9. 以下哪一件是可以采用奢华交易方法的最佳产品？

a）某件成本高昂且价格昂贵的东西

b）某件成本几乎可以忽略不计且价格低廉的东西

c）某件有一定的成本且价格昂贵的东西

练习

练习25：老实说，它适合你

找一个亲密的朋友，或者是一个同事。列出一系列他 / 她所具有的积极特质（我建议你找一个隐蔽的地方来做这件事）。针对这些特质中的每一种，请尽可能以自然的、对话式的方式写出几句诚挚的赞美。

练习26：想听真话？你发臭了！

选一个公众人物。列出一系列他 / 她所具有的消极特质（我想这不会太难，至少虚荣就是其中一个）。写出与这些特质相反的特质，并请尽可能以自然的、对话式的方式写出几句诚挚的赞美。

练习27：恭维无所不能

写一封销售电子邮件，在一开始就紧紧吸引住客户。真诚而自信地表达你的赞美。如果你觉得需要一些帮助，那么我建议你尝试从"作为一个……"这样的短语开始你的邮件。请记得要快速地从诱饵切换到钩子，并根据你希望激发客户怎样的行为，来选择你对他们的哪一方面进行赞美。

练习28：找到该赚而没赚的钱

我希望你能够找到该赚而没赚的钱：在你的产品范围内已经存在某样东西，如果每个客户在购买他想购买的主要产品时，同时购买了这样东西，那么你将因此获利良多。

练习 29：成为享用特权的少数人

为附加销售计划构思出六种创意名称。用"俱乐部"或"协会"这样的词来显现独家会员的概念。

练习 30：你准备好成为我们的精英客户了吗？

为你新定义的奢侈品或奢华服务起草附加销售文案。在下次有人下订单时，尝试使用它。在文案中，侧重于会员能获得的好处，而不是产品本身的功能。

第五章 诉诸情绪的文案：
源自古希腊的秘密

有七个因素决定了所有的人类行为：机遇、本性、强迫、习惯、理性、激情和欲望。

——亚里士多德（Aristotle）

简介

语言能激励人们采取行动；而最早开始系统地思考语言所具有的这种激励力量的，是古希腊人。修辞学家发明了许多帮助我们构建令人信服的论点的技巧：反复、对比、反讽、隐喻等等，其中很多我们一直沿用至今。英语对此也有直接的沿用，例如"修辞性疑问句"，指的是以修辞形式表意来提示思考而不需要直接回答的问题。

你可能认为，你只是试图写一则脸书广告罢了，而我却扯到了公元前480年在雅典市集广场上的一个正在做关于外交政策演讲的大胡子男人，这实在有些牵强。然而事实并非如此。你认为只通过演讲来让民众参战或者推翻某个政府有多容易呢？恐怕在1-100的范围内，其中1是"噢，我想我忘记关火了"，而100是"快，把那个矛传给我"吧？然而这的确发生了。不是每天都发生，但也足够频繁，足以让我们正视语言具有的力量，并试图从中获得启发。

我们将在本章中探讨的主要内容，就是我们建立论点的方式。如果你认为这意味着另一个公式，你是对的。如果你认为这意味着另一个缩写词，你也是对的。如果你认为这意味着另一种"这里这样写、那里那样写"的机械方法，那你就错了。这种方法是概念性的，而不是结构性的。

像本书中的许多其他技术一样，这种方法值得你付出努力去彻底理解它并练习使用它，因为它可以将你的文案与其他从四面八方炮轰读者的平庸文案区分开来。而且，从本质上讲，这种方法非常有力量，因为它包含了强烈的情感成分。它的写作体验也更有趣。（当然写起来有趣不是我们关注的重点，但是，嘿，谁说工作就该很无聊呢？）

*

想象这样的场景。你在雅典参加培训课程。你的课程教授者是亚里士多德。他的简历令人印象深刻，他的客户之一是亚历山大大帝。他已经撰写了一本专著，名为《修辞学》（*On Rhetoric*）；你一直都试图从亚马逊订购这本书，但是"这条河流"远在几千英里之外且流速缓慢，总之在南美以外没有人听说过它。连南美洲都没有人听说过。你在雅典是因为你听说亚里士多德已经提出了一种有效的口头沟通方式，现代商学院理论家毫无疑问地将此称为三要素。为了成为一个令人信服的演讲者，他建议使用说服三要素：信誉证明（Ethos）、情感证明（Pathos）、逻辑证明（Logos）。

亚里士多德自己是这样诠释他的想法的：

劝说显然是一种证明，因为当我们认为一件事情被证明时，我们就已经完全被说服了。口头表达的话语提供了三种说服方式。当话语以这样的方式说出从而使我们认为演讲者是可信的时候，这是通过演讲者个人的品德来达到说服的目的。其次，当演讲激起聆听者的情绪时，说服的目的可能通过聆听者来达成。第三，当我们通过适用于所述案例的说服性论据证明了真理或真相时，说服是通过言语本身来实现的。

或者，我对信誉证明（Ethos）、情感证明（Pathos）、逻辑证明（Logos）的诠释：

信誉证明（Ethos）诉诸说话者的品德，换句话说，为什么我们应该相信他们（和他们的话）。

情感证明（Pathos）是情感诉求，让论点抓住人们的情绪。

逻辑证明（Logos）诉诸理性，分析听众（或读者）应该相信他们的原因。

💡 **灯泡时刻**：品德、情感、理性，这是成功销售的三个古希腊元素。

这正是我们在撰写文案时应该采取的方法。当你试图推销某种东西或以任何方式改变读者的行为、感受或意见时，遵循亚里士多德的说服三要素会对你有帮助。

你可以以各种方式使用这种方法，我认为它有立竿见影的效果。我经常需要为某种形式的退款保证写文案，而我倾向于这样写：

> 　我确信你会对某某产品及其经过三重测试的内部部件100%满意。但为了让你完全放心，我想为你提供我个人的担保。

"三重测试"和"100%"是逻辑证明。

"放心"是情感证明。

"我确信""满意"和"个人"是信誉证明。

案例研究　石油化学制品资讯的视频脚本

普氏能源资讯（Platts）
提供实时资讯

聚合物
芳烃
烯烃
溶剂
原油
石脑油
液化石油气
苯乙烯
塑料
甲醇
和其他原料

屏幕上的文字强调了关键销售卖点，但演员说的话却与自然语言模式保持一致。

普氏能源资讯（Platts）是麦格劳－希尔金融公司（纽约证券交易所：MHFI）的分支机构。该公司是全球领先的资本市场和商品市场信用评级、基准和分析机构。

在这个项目中，普氏能源资讯想要在他们的网站上不仅使用文案和图片，还要使用一个脚本。

写脚本需要一双熟悉日常语言节奏的耳朵。观众必须相信他们正在观看的演员确实是一名交易者。在这个脚本中，我确信我使用了亚里士多德的说服三要素：信誉证明（Ethos），演讲者的品德；情感证明（Pathos），对观众情绪的吸引力；以及逻辑证明（Logos），论证的理性力量。

表格 5.1　文字脚本

旁白	字幕
当你做这样的工作时——在瞬息万变、错综复杂的市场上做交易——你需要获得最新的信息，否则你就会被淘汰。	普氏能源资讯（Platts）提供实时资讯
随着市场行情每小时乃至每分钟的变化，普氏能源的石油化学制品资讯为我提供了所有需要的信息，从新闻到价格，帮助我做出准确的决断。	每分钟更新
它告诉我此刻在全球石化市场发生的一切，并为我正在交易的商品提供实时价格。只要是在市场上能获得的信息，我都会知道。	聚合物 芳烃 烯烃 溶剂 原油 石脑油 液化石油气 苯乙烯 塑料 甲醇 和其他原料
普氏能源石油化学制品资讯为我提供了新闻简讯、长分析、远期曲线评估……帮助我在动荡的市场中获得先机。	从工厂关闭到行业和市场表现
对我来说，这是极为珍贵的。当我正在做重要的交易决策时，这类资讯不可或缺。每一天都是如此。	支持及时决策的信息
基本上，我会从数百个价格评估中选择并创建属于自己的定制商业智能仪表盘。我甚至可以制作专门的定价图表，帮助我将价格评估可视化，并找出那些影响我交易和盈利的因素。	实时新闻简讯、长期分析、定价图表，为你量身定制的商业智能仪表盘掌握一切信息
如果我愿意，我可以坐下来追踪全球石化制品价格——这易如反掌。	实时买入价与卖出价
另外，我还拥有交易报告和收盘价格评估，这能帮助我关注当天推动市场的因素，并因此在第二天更好地做出关键的交易决策。	综合评估，一目了然，全球视野

如果要概括普氏能源石化制品简讯的特点，我认为有三个因素最为重要：有效、及时、便捷。 我获得了我想要的数据。以我想要的格式。在我想要的时间。 所以作为一个交易者，我该怎么做呢？ 当然是使用普氏石化制品简讯啦！	现在注册即可免费试用 联系当地销售代表

如果你的读者相信你，他们就更可能相信你的观点是真实的。如果你在情感上抓住他们的感受，他们就更可能接受你的建议。

而如果你给出具体的理由，证明为什么你所说的是真实的，他们就可以在理性上接受自己的情绪反应，并且更加信任你的品格。

反例：华金·多拉达（Joaquin Dorada）是西班牙最卓越的牙科医生之一。

佳作：你好，我是特蕾莎。我是一名有着二十多年经验的营养师。我为专业厨师提供咨询服务和营养培训。——《食谱品鉴》（*Menu Analyser*）的销售信函

三种方法：信誉证明（Ethos）、情感证明（Pathos）、逻辑证明（Logos）

我虚构了一家托德刀具制造商，下面让我们看看为其制作的一则网页文案的三个版本吧。

> **信誉证明（Ethos）**：你好，我的名字是斯威尼·托德。在过去的三十年里，我致力于完善刀片制作的艺术。
>
> 在最初的十年里，我跟随日本刀片制作大师内藤雅雄学习。在创立了自己的厨房和打猎刀具业务后不久，我被邀请加入了世界刀片大师委员会。
>
> 当你购置一把托德牌厨师用刀或猎手的选择系列刀具时，你赋予我们的信任不会被辜负，因为你信任的是对千年技艺的传承。
>
> **情感证明（Pathos）**：想象一下。你答应要为妻子做一道美味的寿司料理。红宝石般的金枪鱼腹部和半透明的鳗鱼正躺在你的砧板上。这可不是使用质量一般的刀具的好时机。你想要将这些鱼切片，也想要保留住自己的全部手指。
>
> 有了托德牌寿司刀，你就可以安然无恙……寿司也会。更重要的是，你的妻子将会绽放出如同婚礼当天般的微笑。
>
> **逻辑证明（Logos）**：这是一个事实。大多数现代厨师的刀都无法胜任它们的工作。测试表明，市场上超过90%的刀片被发现采用了劣质回火工艺，即热滚压成型。这是一种批量生产技术，用于制造你在百货公司看到的廉价刀具。
>
> 在托德刀具，我们使用的是公元987年由日本人完善的制刀方法，也就是所谓的冷碳回火，制造单个刀片需要历时14小时、经过30多道独立工艺。

理想情况下，我们希望文案能结合以上全部三种方法。我们将其称为信誉、情感、逻辑三要素（EPL）。最好的文案必须同时说服读者信任写作者，打动读者，并且至关重要的是，让读者相信购买有合理的理由。使用亚里士多德的信誉、情感、逻辑三要素（EPL），我们就有了现成的三连击，引导我们实现这一目标。

蜥蜴： 如果你的文案只能有很小一段篇幅，那就采取以情感证明为主导的方法。请记住，情绪驱动决策。

从理论到利润

　　我怀疑你在逻辑证明这方面已经很强大了，大多数人都是。我们所受的教育让我们倾向于接受逻辑上最有说服力、提供的事实和数字能让人改变看法的观点。我希望的是，现在你对这种观点能多一份怀疑态度。无论如何，列举产品的功能可能是最明显的逻辑证明的标志，而我不认为你在此处需要太多的帮助。但是其他两个要素呢？你打算如何做到信誉证明和情感证明？

　　尝试从信誉证明开始。与同事讨论贵组织具有品格的想法时，你不应该感到不自在。毕竟在现代管理讲话中，我们常会谈及价值观。可是等等！别担心你要写出一份愿景来。首先，这将需要几个月的时间；其次，董事会、总法律顾问和监察部门的共同但不协调的努力将会导致最终的混乱结果。相反，你应当思考：如何将你的组织作为一个人那样描述出来？

　　对于情感证明而言，继续使用我们迄今为止在本节中探索的技术。还要记住，用情感来回应是客户的本能；当你使用情感证明这种方法时，他们无须费劲解码。这对他们来说本就是十分自然的。

测试你的知识

　　1.逻辑证明是指什么？

　　　a）你的品牌标识

　　b）你的论证

　　c）你的句子结构

2. 亚里士多德曾向哪位大帝提出过建议?

3. "我迫切想要与你分享这个"是诉诸以下哪种要素的说服方式:

　　a）品格

　　b）情绪

　　c）逻辑

4. 进行逻辑论证会完善你在读者心中的品格。对或错?

5. 如果产品能给用户带来的利益是情感证明（Pathos），那么产品的功能是什么?

练习

练习 31：塑造人物形象

选择一个当前或即将进行的广告宣传活动，使用信誉证明（Ethos）为主导风格撰写文案。

练习 32：感性起来

现在以情感证明为主导风格重写该文案。

练习 33：让我们说理论证吧

最后，以逻辑证明为主导风格重写该文案。

第六章　社交媒体上的
文案撰写与读者联系

> 我们每天都从他人那里获得我们存在的意义。做一名神志正常的人，在很大程度上，意味着与他人交往。
>
> ——约翰·厄普代克（John Updike）

简介

很多关于网络文案的争论大多是基于一种错误的假设，这种错误假设是：媒介改变了人们的行为。我们经常可以听到这种说法：人们注意力的持续时间变短了。在社交媒体诞生之前，人们根本无法如此迅速、如此丰富多样地（我们还可以继续加入诸如"如此奇怪地"，"如此具有个人特色地"，"如此自我膨胀地"这样的词）同时与很多不同的人交流。在撰写本文时，大多数人拍摄照片的主要原因已经完全被改变了，拍照的目的从打印出来放入装订好的相册（或者更常见的是，存储到阁楼里的某个盒子中）变成了在社交媒体上分享。

脸书的广告策略不断推陈出新，而推特也推出赞助商付费，不甘落后；不仅如此，社交媒体还有无数自助推广帖子。所有这些都让人不得不认真考虑怎样才是社交媒体上"正确的"表达和写作方式。

在本章中，我想与你分享我关于如何撰写社交媒体文案的个人经验和观点。我在这里谈论的是商业写作；当你以自己的私人账户登录并发文时，你说什么或者怎样说都不关我的事。我慢慢改变了自己原本的观点，转而认为社交媒体是影响和推销的有效方式。事实上，在我的开放课程上，有人告诉我他就是因为一条推文而预订我的课程的，并对我的信心不足加以了（温柔的）谴责。

图6.1　推特

> 安迪·马斯伦
> （Andy Maslen）：
>
> 早鸟价仅剩8小时，数字营销文案精华课程：
> bit.ly/lg3XgGh

　　我想为你提供一些值得思考的问题，分为三大类：谈论什么，如何谈论以及如何保护你的声誉。如果你向某人发送了一封写得很差的直邮信件，有可能对方会扫描、编辑、调整大小，然后将其发布到推特上。如果你在博客或脸书上做了同样的事情，那么你很可能会在几分钟内发现自己被嘲笑（或更糟）。

*

　　你使用脸书吗？使用推特、领英、照片墙或谷歌＋吗？我猜你至少使用其中的一个吧。

　　你为什么使用社交媒体呢？你能区分"工作"网站和"个人"网站吗？你发推时代表的是你的公司品牌还是你个人？这些问题很重要，因为在深度使用社交媒体之前，你需要为自己设定一些规则。一方面，比如说，你可能会花太多时间在检查新通知、点赞和新增粉等事情上。另一方面，这是一种商业活动，至少部分来说是这样的，所以你至少应该在社交媒体活动背后有一丝商业思维。

在本书的这一部分，我们关注的是情绪和动机。所以让我们暂时停下来，考虑一下为什么人们这么喜欢社交媒体。那么，到底是为什么呢？我认为线索就在本章的标题中。社交媒体呈现的是一片社交的空间。而人类是社会动物。我不认为熊猫会花很多时间在推特上，而猫鼬则可能一直都在线。

但也不仅仅是因为好交际这一个原因。毕竟对于一些诸如脸书之类的网站来说，我们本来就和我们的朋友或家人在一个团体里了。那么，如果我们的联系人是散落开来的，也许社交媒体可以帮助我们保持联系，或者让我们感觉到彼此之间的联系。但是，拿起电话并直接进行交谈不是更能让我们感到紧密相连吗？

社交媒体的八个方面

我认为，从心理学的角度来看，社交媒体有八个方面颇为有趣：

1. 它是公开进行的。如果你给一个人讲笑话，那个人会笑。但如果你把它告诉一群人，那群人就都会笑。这种反馈就像给你的自我做了一小时的全身按摩一般。

2. 它是与陌生人进行的交流。是的，你的许多关注者或许是你的朋友或同事，但也有很多人只是社交媒体上的联系人。然而，我们与每个人分享的是相同的信息。

3. 它是实时进行的。叮！有人更新了。叮！一条新的通知。叮！你有了一个新粉丝。你可以一整天都聊个不停。谁还需要工作？

4. 它速度很快。你无须计划自己将要说什么。无须等待别人接电话。只要说出你想说的话，就是这样。

5. 它不需要你太费心。大多数社交媒体上的文字都是超短的（我们稍后会提及这方面的内容）。这意味着你可以即时发布所见所思。

6. 它提供即时回报。你刚发的文字是否吸引人？你会在几秒钟内知道答案。当你回复关注者的推文时，你也可能立即收到他的回复。

7. 它是免费的。你的公司、你的数据包或者你订购的家庭宽带会为你支付所有的费用。

8. 它令人愉悦。聊天比工作要有趣得多。观看萌猫视频或阅读博客文章要比做家务轻松得多。获得点赞或新粉丝使我们感觉良好。

社交媒体的发布和回复与自我价值、社会地位、归属感、赞赏、崇拜、被喜欢和有影响力等联系在一起。它也是强迫性的，甚至令人上瘾。猜猜上瘾的过程是从哪里开始的？从大脑边缘系统开始，它是我们的老朋友了，它非常强大。总之，社交是人类生活的重要组成部分。这就意味着它是传播者——你和我——的天然舞台。

现在，我不想争论使用社交媒体是否"值得"。我们可以另写一本书讨论这个问题。相反，我们现在假设它是值得的。那么你打算在上面写什么？又打算怎么写呢？我已经愉快地在推特上发了好几年的消息了（我承认中间我停过一年）。我也在领英上建立了个人页面，甚至还成立了我自己的团队。

💡 **灯泡时刻：**使用社交媒体，因为你想要这样做，而不是因为你感觉"应该"这样做。如果你的心不在此，每个人都可以感觉出来。

社交媒体的十条规则

这里有 10 条关于如何使用社交媒体的观察。我希望它们中有一些适合你。

1. 谨慎

这是一条古老的规则。只写那些你想让你奶奶——或者是你的牧师、神父、伊玛目或拉比，你的老板、男朋友或闺蜜——读到的东西。

当你喝醉时，不要在易贝（eBay）上购物，也不要在推特上进行骂战。

黄金法则是一条古老的规则：如果某句话你不喜欢在办公室外面的海报

上读到，那么就任何时候都不要说出口。

2. 原创

有时，当你阅读像这样的文字时，取消关注是唯一的选择：

> 产品给用户带来的好处比它的功能更为重要。
>
> 每日一词：晦涩——隐藏的或模糊的。
>
> 信息图：10 种类型的推特用户。

顺便提一下，如果你正跃跃欲试想要创建一张信息图，请记住这两点：其一，信息图只是图表的另一种说法。其二，如果文案本身有意义，那么这些图片的用处究竟在哪里？

我宁愿让我的想法受到推文或博文的挑战：

> 为什么产品给用户带来的好处比它的功能更为重要。
>
> 白痴的标题写作方式——以及为什么这比你写得更好。
>
> 信息图：神经科学、文案与税息折旧及摊销前利润（EBITDA）。

3. 新鲜感

如果所有人都在发布他们产品的照片，请发布你的小狗的照片。

如果满目皆是炫酷的信息图，请按照 18 世纪的雕刻风格制作广告。

如果你关注的人都在谈论他们的职场生活，那么不如开始写写你的假期、家庭游艇建设项目和烹饪灾难吧（必须有图哦）。

灯泡时刻：如果你只将社交媒体视为一种"渠道"，那么你将永远无法在社交媒体上取得成功，因为它远比这更丰富、更复杂。

4. 厚脸皮

社交媒体的习俗与网站、电子邮件和印刷品的习俗不同。

你完全可以不那么正式。我认为轻微的咒骂是非常正常的，即使是温和的谩骂也可以被采用，但我倾向于对几个词做一下标注。

调情、争吵、取笑——只要你遵循黄金法则（见上面的第一条规则）并且在你发布之前深思熟虑，这些都可以使用。

5. 直抒己见

闪烁其词是无聊的。我们都这样做。我们在表达强烈意见时会保护好自己的后背，以防万一我们是错的，或避免引起争论。

嘿！全心投入吧。最糟糕的情况会是什么呢？（见上面的第一条规则。）

我认为在社交媒体上至少有两种意见，可以让你在表达时获得良好声誉。首先，真诚的观点。你可能会这样写："捕鲸是国家的耻辱。如果你同意的话，就请转载。"其次，只是为了好玩而捏造的观点："我是唯一认为凯特公主看起来有点像东尼虎（Tony the Tiger）的人吗？"

根据我的经验，后者能获得更多的点赞和转发。

6. 真实

这可能听起来与我说的可以"只是为了好玩而捏造观点"的意见相矛盾，但我确实认为你需要做你自己。这里的"你"是单数。

没有什么比那些沉闷的公司推广文更糟的了。我最近在推特上看到了一句话，来自四大会计师事务所之一：

> 个人博客可以为你的个人资料增加可信度和透明度。

该死！

我的意思是说，确保你的社交媒体写作展现的是真实的你——幽默的、好战的、性感的，等等。

7. 诚实的

社交媒体有点像广告，所以保持诚实，只说你可以证实的话。

只要你的帖子内容是真实的，你的语气就可以随心所欲地狂放不羁，或者控制在你的品牌传播总监允许的范围内就好。

事实上，我认为诚实是一个比如实更好的词。你可以讲笑话、幻想、编造，但不要成为骗子、冒充者或卑鄙的人。

8. 使用图片

你是一位作家，但你也应该考虑何时可以在自己的帖子中加入图片，来让读者更感兴趣。

请记住，人们喜欢社交媒体（特别是脸书）上的图片。图片是吸引注意力的绝佳方式。

我想这是信息图受人欢迎的原因之一。

9. 社交

我认为，如果你只是将社交媒体视为另一种"渠道"或"走向市场的路线"，你将很难有所收获，也很难感到愉快。

如果人们回复你的帖子或推文，与他们进行对话。

看看还有哪些人正在发布帖子或推文，并回复他们。

推文自然需要简练，但不要因此改变你的语气，你的口吻应该永远是怀着尊重的。用"谢谢"（thx），表达感谢或者用"请"（pls），表达请求，自然无妨；但如果读者感受到了傲慢，他们就会焦躁不安（相信我，我知道！）。

10. 销售

你不必做得太过夸张，但为什么不至少尝试一下通过社交媒体销售产品呢？

我知道，我知道，使用社交媒体是为了品牌建设，建立发声渠道，客户沟通，社区建设……但它会让你花钱，所以不妨考虑一下投资回报率（ROI）。

有很多标准可以用来衡量社交媒体的使用是否成功，最常见的衡量标准是数量。点赞的数量，关注的数量，转推的数量，粉丝的数量，等等。

但问问你的财务总监或会计，听听他们的意见吧。

在某些时候，你将不得不让你对社交媒体的投资显示出回报。其他一切都要显示回报，为什么这个要例外呢？

每当你进入裹了糖衣的社交媒体世界时，请记住这一点。你面对的客户没有改变；你想谈论的内容没有改变；你没有改变；改变的只是你使用的媒介。

社交媒体与内容营销

虽然这一章主要是关于社交媒体的，但也适合用来讨论社交媒体（最短型渠道）和内容营销（文案、音频、视频、图形和动画愉快共存的更为微妙的空间）之间的关系。

不可否认，脸书、推特、领英等是发展与客户关系的理想场所。而它们的局限性意味着我们经常需要在别的地方深化这些关系并从中获利。

这就给了内容营销施展的舞台。内容营销在社交媒体的短暂性和交易文案的长期影响之间搭建了桥梁。博客、简报、演示文稿、视频、网络研讨会——有许多方式能够展示你的知识和专业性，现在你还可以享受长篇文案的奢华。如果你想要的话。

许多适用于优秀文案的规则也适用于内容。它应该是有吸引力的。它应该建立信任。它应该清楚简洁（没有废话）。而且它应该以友善、容易阅读、甚至聊天般的——如果你喜欢这种风格的话——风格来写。但要确保你能抵御直接销售的诱惑，而且专注于提供信息，引起读者的兴趣，让读者自己去发现相关性。

创建内容后，使用社交媒体是推广或宣传它的最有效渠道之一。这时我们就回到了本章的主题上。

案例研究　为柯林森维度（Collinson Latitude）做的演讲

人物角色使用讲故事的技巧进行戏剧化，用现在时写作，就好像每个人都是故事中的角色一样。

　　柯林森维度（Collinson Latitude）是柯林森集团的一部分，通过忠诚度、生活福利、保险和支持等方式，帮助公司塑造和影响客户行为。

　　我们要做的是创建内容，向我们的客户解释公司的产品如何帮助他们增加销售额并提高客户忠诚度。上面这部分内容是介绍如何深化客户关系的演讲。通过创造客户角色，我们用讲述小故事的方式解释了公司的各种营销计划如何帮助客户提高销售额。

为移动设备和社交媒体写作：极简文案（UBC）的艺术

　　我们已经探讨过如何使用社交媒体。现在我想谈论的是如何在社交媒体上写作。我在这里主要考虑的是短篇文案，因为写一篇1500字的博客文章与撰写1500字的杂志文章的确没有什么大的不同，如果它是以正确方式写就的话。我想要谈论的是脸书的更新、领英的帖子、推特的推文、个人主页、短信，诸如此类。随着移动商务的蓬勃发展，我们都将不得不掌握简洁又能引人注意的文案写作方法。但是，在我们被时代精神所淘汰并在绝望中扔掉钢笔之前，别忘了还有分类广告、信封、广告牌和海报、公交车身广告和货架广告呢。在智能手机出现之前和之后，我都为这些写过文案；而且我不得不说，此类文案字数很少超过三位数。所以，是的，简洁是关键。但是，难道不是一直如此吗？

　　虽然网络或移动设备不会改变文案的内容，但它们的确可能改变文案写作的方式。因为当客户在使用网络时——在任何屏幕上，尤其是在更小的屏幕上——他们可能更喜欢以更小的内容块来获取信息。或者，你可能会被迫以这种方式提供信息——主题行、推文、赞助商链接和网站横幅广告都需要我称之为极简文案（UBC）的写作风格。

反例：与那些欣赏你的专业知识的人为伴。

佳作：嘿，我们可以同意现在停止使用"2.0"吗？ #结束 #继续（来自 @spydergrrl 的推文）

你一共要写多长是由你决定的，但在如今的有些时间和场合下，你一次可以写多长有了限制。在使用社交媒体时，你可以（有时候甚至是被要求）使用不太正式的语言风格。对于企业来说尤其如此，他们经常被两种错误绊倒：或是试图显得社交精明又做得十分蹩脚，或是企图将社交媒体变成企业宣传册的翻版。

从某种意义上说，以书面形式出版"社交媒体和手机写作指南"似乎有些说不过去。它们变化的速度如此之快，以至于当你阅读这本书的时候，我所写的可能已经不适用了。嘿，你要怎么办呢？（耸肩）

如何撰写夺人眼球的主题行

让我们从主题行开始。根据你所阅读的内容的不同，理想的长度为 29 到 39 个字符（为什么不是 40 个字符，这我可不知道）。但是在主题行超过 100 个字符时，点击打开率似乎又出现了上涨，值得琢磨。

无论如何，主题的最开始几个词是最重要的。与阅读印刷品不同，人们在扫视收件箱时往往会认真看每个主题行的前几个字，而不是从左向右逐字阅读。在电子邮件收件箱中，想象一个巨大的大写字母 F，这就是所谓的热图，显示人们的眼睛最经常停留的位置。

我们需要尽可能多地将信息塞入主题行的前几个字。这不是玩弄欲擒故纵、在最后几个字揭开谜底的好时机。

如果你正在推广一家新的健身中心，你可能会写出这样的主题行：

> 　　如果你照镜子时，认为自己还可以减去一些腹部脂肪，这个月就来 MB 健身中心吧。

但是你的读者实际将读到的是：

> 　　如果你照镜子时，认为自己还可以……

而他们能够理解的更可能是这样的：

> 　　如果你照……

这可不太好。

所以你的主题句更应该是类似这样的：

> 　　这个月在 MB 健身减去你的腹部脂肪

或者是这样的：

> 　　在 MB 健身中心减去你的小肚子
> 　　在 MB 健身中心与"游泳圈"说再见
> 　　在 MB 健身中心拥有小蛮腰

　　诀窍在于不断减去水分，直到你拥有最少数量的"无价值"单词，比如"和""它""如果""被"。通过这种方式，你的潜在客户就能够以最小的屏幕呈现空间和最少的大脑处理能力来获得意义最为丰富的信息。

反例：为什么我需要一台复印机？

佳作：护士说"不这么做就会死"（来自一封收到的垃圾邮件，而作者打开了它）

试验词序，直到你将最有意义的单词集中在杆位（最前面、最有利的位置）。告诉自己，你的读者只会阅读前四个词，或前三个、两个或一个。这能让你集中注意力。

如果你的列表里包含名字，尝试在主题行的开头部分使用它们。我进行过数十个名字测试，包括名字的主题行拥有更高的打开和点击率。

如何应对小屏幕

在更早的时候（90年代中期），人们使用互联网时只在台式电脑或者笔记本电脑屏幕上使用，而这些屏幕都是……大的。（我在 iMac 上写了这本书的大部分内容，它有一个37寸的屏幕。）这意味着段落看起来不同。以本段为例。它有140个单词——所以按照任何标准都算简短的段落。在一本文字长度为114毫米的普通的书里，它会占据大约7行，读起来相对容易。

现在让我们把它按照智能手机的宽度重排。我用我的三星手机作为例子。它看起来就像这样：

> 在更早的时候（90年
> 代中期），人们使用互
> 联网时只在台式电脑或
> 者笔记本电脑屏幕上使
> 用，而这些屏幕都是……
> 大的。（我在 iMac 上
> 写了这本书的大部分内

容，它有一个 37 寸的屏幕。）这意味着段落看起来不同。以本段为例。它有 140 个字——所以按照任何标准都算简短的段落。在一本文字长度为 114 毫米的普通的书里，它会占据大约 7 行，读起来相对容易。

哎呀！不太好。即使在较小的字号下，这段话仍然会溢出屏幕，并需要滚动才能阅读。

如果你的客户正在阅读的是他们刚付费下载的书，那么这可能无关紧要。但是，如果他们正在阅读的是本书的推广，那么我认为你的文案现在看上去令人望而生畏，因为该段落太长了。

所以你必须做出调整。简单的事实是，段落不再是具有某种语法或智力连贯性的意义单位。它纯粹是一个长度单位。是的，我知道，这颠覆了段落的定义。但是语法学家们没有和在迷你屏幕上阅读的人打过交道。

让我们调整段落，让它在小屏幕上更具可读性。

90 年代中期，人们用台式或者笔记本电脑屏幕上网。

这些屏幕都是……**大的**。

（我在 iMac 上写了本书的大部分内容，它有一个 37 寸的屏幕。）

这意味着段落看起来不同。以本段为例。

它有 120 个字——所以按照任何标准都算简短的段落。

一本普通的书文字长度约为 90 毫米。

这样，它会占据大约 10 行，读起来相对容易。

它缺少了优雅，但却容易阅读也容易被抓住重点，这就足以弥补它的缺点。

社交的艺术：推特友好的文案

这是一个难题。你要如何在以非商业氛围闻名的媒体中撰写商业文案？社交媒体应该就是为了社交而存在的。我查了下，社交的意思是"与社会和人的关系"。现在，我想你可以将它揉圆捏扁，直到"商业关系"也包括在人与人的关系之中。但即便这样，你也只是塑造了一个非常脆弱的武器罢了。

但是我们必须在社交媒体上写作。这是一个渠道——有效的渠道。我就已经成功过。在社交媒体上写作，我们需要考虑以下几个方面。这是关于社交的（当然！）。这是关于归属感的。因此社交媒体的语言全是关于粉丝、朋友、团体和关系的。这意味着本书（以及其他地方）提供的一些建议将不起作用。例如，幽默可以成为在社交空间中建立融洽关系的有效方式。虽然我仍然坚持我的基本观点，即正在捧腹大笑的客户很少拿出信用卡买单。

我曾与一家全球媒体品牌合作开展社交媒体宣传活动。他们的一项测试和研究结果是他们的粉丝（该品牌拥有数百万粉丝）并不想要在其他地方也能得到的优惠。他们认为自己是拥有特权的俱乐部成员。因此我们提供了一项特别优惠，用来加深这种拥有专属优惠和特权的感觉。

这是非正式的……

如果你想玩转这一切，你就必须遵守这里的规则。这意味着避开文案的坚硬面，转而采用更柔和、更为非正式的风格。过分严格的品牌指导方针在这里不太可能适用，因为预设好的语言处方在推特、脸书等充满活力的、轻松亲切的世界里就显得太过沉闷了。

▶ **试试这个**：记住，社交媒体中的关键词是"社交"。如果你要以社交的风格写作，你就不能被企业人的身份束缚住，所以请尝试使用比以往更轻松的方式来写作。

……而且要简短。

在社交媒体上，你通常没有太多的空间来写作。推特将我们限制在一条推文 140 个字符。脸书广告规定不超过 20% 的空间可以留给文字。当然也有例外，但你的文案越倾向于传统的长篇样式，你就越不需要阅读这一章。

这对我们的写作又意味着什么呢？和亨利·詹姆斯的风格相比，我们更应该像海明威那样写作。使用简短、简洁、有力的短语，而不是蜿蜒、精美、八个半页面长的段落。让我们回顾一些基本的建议：使用更短的单词，而不是更长的同义词。使用句号，而不是逗号和冒号。简练，而不啰唆。

病毒标题

本书不是全面讨论标题文字正确与否的地方。如果你需要这样的书，我可以推荐《文案资料库》（*Copywriting Sourcebook*），这是我的另一本关于文案的书。

但在吸引人们点击这方面，我们可以从内容聚合网站学到很多。这些网站目前凭借小猫玩班卓琴、婴儿指挥波士顿交响乐团和小明星落入下水道的视频吸引了无数眼球。

这里的关键情绪是好奇心："我只要知道发生了什么就好"。另外，次要的情绪是，"也许我可以和朋友分享这个视频，还会有人给我点赞呢"。这些标题有个可爱的名字——"点击诱饵"。

通常，这些标题会类似下面这样：

> 这位老太太以为她只是在买猫粮。接下来发生的事会让你捧腹大笑。

> 互联网上最令人震惊的 37 张照片。第 19 张让我不敢直视。

当你看到他的收藏时，你会明白为什么说他真的需要有社交生活。

21 个 "搞什么呀（WTF）" 时刻，来自全新 "写作者" 系列。

这些名人衣柜的故障造成的不仅仅是脸红。

在新潮的外表下，你会发现一些老派的标题写作方法：故事，欲望，自利。

但是，要小心：这些不是产品广告。内容对消费者是免费的——从金钱的角度是免费的。当然，读者需要付出时间。这意味着我们可以看到是什么让人们观看视频或图片。但我们无法分辨这些技术是否能够说服人们花钱。另外，正如我们所知的那样，点击与对话并不相同。

▶ **试试这个**：如果你想让文案像病毒那样传播，使用好奇心为杠杆，并确保内容符合期待。

从理论到利润

如果你有一个目标的话，我认为这有助于你思考如何使用社交媒体。换句话说，你为什么使用社交媒体？你想达到什么目的？其中，有可以衡量的硬目标，比如销售商品；有可以衡量的半柔和的目标，比如获得点赞、转推以及获得粉丝；也有更柔和的目标，比如建立客户关系——这很难衡量，但从本能上感觉正确。我的感觉是，目标是关键。这是一个商业活动，而在商业活动中，如果你不知道自己想达成什么目标，你就不会知道自己做得怎么样。社交媒体不是免费的。如果你考虑所有这些活动的机会成本，它甚至并不便宜。

　　确保你的粉丝成为入境营销策略的一部分，使你最终可以从中赚钱。掌握社交媒体意味着要掌握一套新的规则，适应新的开放程度，以及学会与客户展开真正的对话。找到属于你自己的语言风格，你会发现与客户建立长期的、可盈利的关系要容易得多。

　　我假设你是为了商业目的使用社交媒体和移动设备的，所以让我们试着制定一个写作策略。可能与你的直觉相反，在这种最即时的通信场合中，你需要计划，而且是完备的计划。如果在一本 16 页的小册子中，有 5 行被你写坏了，那不是什么问题。但对于大多数极简文案（UBC）项目来说，有 5 行给你发挥就是奢侈了，你没有浪费的余地。然而，计划可能是自发性的敌人，而自发性却往往是这种即时写作真正的生命力所在。

　　如果我建议在文字处理软件包中撰写企业推文，然后剪切并粘贴到推特里，你觉得这主意怎么样？你在写作和发布之间会有一段时间的停顿，可以利用这段时间来检查：拼写准确吗？标点符号是否正确？读起来是否像傻子或白痴一样？为什么不在你自己或同事的身上检测一下你的极简文案呢？在手机或平板上阅读你的文案，并从纯粹的视觉角度对其进行审视。它在小屏幕上看起来让人有兴趣阅读吗？它有吸引力吗？这些问题在社交媒体写作中显得更为重要，因为读者正在 1 微秒内做出阅读或者删除的决定。

测试你的知识 ✔

　　1. 为什么人们如此喜爱社交媒体？

　　2. 社交媒体网站发帖的黄金法则是什么？

　　3. 什么时候可以发布不完全正确的东西？

　　　a）从不

　　　b）没关系

　　c）如果你的关注者知道你在开玩笑

4. 你应该在多大程度上遵循品牌指导方针？

　　a）一字不差

　　b）不适用——这里是社交媒体

　　c）尽可能地遵循

5. 在社交媒体中，旧的商业规则不适用。对或错？

6. 电子邮件主题行的理想字符长度是多少？

　　a）29–35

　　b）29–39

　　c）46–104

7. 在主题行 A/B 对比测试中，在主题行中使用名字对结果有着怎样的影响？

8. "点击诱饵"标题背后的驱动情绪是什么？

　　a）高兴

　　b）嫉妒

　　c）好奇心

9. 在极简文案（UBC）中使用的最佳标点符号是什么？

10. 以下哪些主题行看起来最有可能打败其他主题行？

　　a）介绍一种新的方法来缓解你的背痛

　　b）现在：一种减轻背痛的新方法

　　c）背痛？试试这个"荒谬"的治疗方法

练习

练习 34：你是谁？

　　写下你理想的社交媒体档案。使它真实而有个性，不要让它读起来无聊。让你读了之后想要与档案的主人交朋友或关注他 / 她。

练习 35：十几种不同的风格

写一条关于公司发展的推文，分别使用下面的每种风格：

- 枯燥的；

- 疯狂的；

- 教授般的；

- 多愁善感的；

- 大声嚷嚷的；

- 幼稚的；

- 厚脸皮的；

- 积极进取的；

- 自信的；

- 有趣的；

- 伤心的；

- 神秘的。

练习 36：目标？真的吗？

写一篇简短的文章（比如说不超过 300 字），为你正在使用或计划使用的社交媒体平台列出你的目标。

练习 37：走向社交媒体

为你的产品撰写社交媒体文案，包括以下内容：

- 三条推文；

- 两条主题行；

- 一个病毒标题。

练习 38：图像的替代品

查看你网站上的所有图片（或者，如果你的网站上有太多的图片，你认为查看所有会让你发疯，那么请查看你的电子邮件宣传广告中的所有图片）。它们都有图片描述标签（Alt tag）吗？如果没有，就把图片描述写出来。请记住，这里是隐形销售的理想场所。想象一下，在关闭下载图像时，客户使用智能手机加载电子邮件。他们会看到什么？什么都没有的一片空白，还是你概括出的销售信息？

第七章　是的！我想要能让你下订单的最佳忠告！

我请求你在我身边度过余生——成为我的另一半，世上最好的伴侣。

——夏洛蒂·勃朗特（Charlotte Brontë），《简·爱》（*Jane Eyre*）

简介

我写这本书是为了帮助你成为一名更好的写作者。这意味着帮助你通过写作获得更好的结果，也意味着我们需要花一些时间来思考金钱。具体来说，就是如何请求获得金钱。我以前曾经这样说过，但不妨在此再次重申：如果你不能获得订单，你就会饿死。我们对待金钱的态度可能存在文化导致的差异，而我们谈论金钱的能力也显然有这种差异。大致说来，我注意到，英国人明显比他们在美国的表兄更不愿意谈论金钱。无论是谈我们赚多少钱，还是说明我们销售的任何产品的价格。（一个值得注意的例外是我们为房子支付的价格和它今天的市场价值，这个话题是如此令人着迷，有时看起来好像餐桌上只可能有这一个话题似的。）

不管怎样，用感性的方式——讲故事，即运用同理心和心理学来开始销售似乎更自然、更合适。我们让潜在客户想象自己的生活将会因为签下订单而变得多么美好，而在他们因此激动不已时，我们又不得不毁掉这份好心情，让他们去填写订单。我的意思是，"立即订购"几乎是最不情绪化的命令了，不是吗？

但是我们必须要求客户下订单。问题是，我们怎样才能让潜在客户确认购买，同时又不会打破我们花费了那么多时间和精力编织的情绪咒语呢？我认为，我们的答案就和以往一样，在于从潜在客户的角度来看世界。也许是因为许多市场营销人员和文案写作者都将订单看作是一些普通的样板，他们在编写用户行为召唤时就失去了准头。因此，蹩脚的标题中最最蹩脚的标题——订单表格（还有它同样不鼓舞人心的变体）——就饱受抨击了。

然而，你的潜在客户刚刚做了一个由情绪驱动的决定来购买你的产品，因为他们觉得这是正确的事。你所要做的就是延长这种情绪。

*

当你设定场景时，客户的情绪都非常好。但是到了关键的结局，也就是请求客户下订单时，你要怎么做呢？你要如何让"下订单"吸引人？这里有一条线索：不要开始考虑钱。因为钱是你想要的，不是你的读者想要的。

相反，你要继续思考如何履行对读者的承诺。如果他们想要平坦的小腹、F1 驾驶技巧或是一架功能齐全的战斗机（1：18 比例），就和他们谈论这些吧。最重要的是，不要让潜在客户看到当他们的手指悬停在"确认购买"按钮上时，你额头上冒出了汗珠。你要冷静从容些。

蜥蜴：通过专注于承诺而不是专注于购买，让用户行为召唤（call to action）保持对客户情绪的吸引力。

我在另一本（至少是一本）关于文案的书中也写过这个提示，但它非常重要，重要到我冒昧地在这里再次提供给你：

决不写"如果"。

如同这样：

> 如果你想订购。

"如果"的意思是，你可能不会这么做。

"如果"的意思是，即使我不相信，我依然这么写了。

"如果"的意思是，你不必这么做。

反例： 如果我们能为你做任何事，请回信。

佳作： 这是今日资讯的链接。只需像昨天那样点击按钮，你就能拥有。［来自作者为普氏能源资讯（Platts）撰写的销售电子邮件］

好的，现在"如果"这个词已经从我的系统中删除了。接下来要做什么呢？让我们从你使用的词汇开始。

26 种用户行为召唤（call to action）

以下是与用户行为召唤（call to action）有关的 26 个词汇的列表。我希望你将它们重新排列成两个列表：一个是理性的，另一个是情绪的。准备好了吗？

预订	与……见面
购买	订购
收费	付款
选择	保证
恭喜	快
送至	奖励
发往	匆忙
报名	省下
帮助	挑选
赶紧	发送
投资	赞助
开发票	订阅
加入	支持

你完成得怎么样？有任何不确定的地方吗？下面是我重新排列后的结果：

理性的：	情绪的：
预订	选择
购买	恭喜
收费	帮助
送至	赶紧
发往	投资
报名	加入
开发票	与……见面
订购	保证
付款	快
挑选	奖励
发送	匆忙
赞助	省下
订阅	支持

这些词在用户行为号召中可能被这样使用：

诉诸理性的用户行为号召

今天就预订我们的课程。

现在就购买这款 100% 羊绒的连衣裙。

用信用卡支付 298 英镑。

将我的刹车片送至……

将我的蛋白质奶昔发往……

今天在我们的远程学习课程中报名。

现在给我开发票。

订购表格。

分四季度分期付款。

从下面的列表中挑选最符合你需求的选项。

给我发送我的简易寿司小工具。

今天资助一个孩子。

在 1 月 31 日之前订阅并节省 7.98 英镑。

诉诸情绪的用户行为号召

选择生命。选择 MazCo Omega-3 鱼油。

恭喜！你即将做出你生命中最明智的决定。

帮助我们挽救 Moldoravia 的生命。

赶紧！我需要我的 NiteSite™ 光枪！

投资你未来的健康。

与同行一起加入生物技术的前沿。

与其他汽车迷在动力节见面。

现在请保证你会施以援手。

快！今天就给我 NuKlear 鲤鱼饵料。

奖励自己一件真丝睡衣吧。这是你应得的。

赶紧把免费股票指南拿过来。我急于致富！

今天就注册 EZRental：你可以节省一个月的租金。

支持本地牧师。

我们看到订单表格、电子商务页面和注册表格，往往听起来好像是由财务部门、法律团队或人力资源部门编写的那样。我怀疑这是因为它们往往是网站、宣传册、销售活动或登录页面上最后写好的部分。所以这里有一个小提示。

▶ **试试这个**：首先写下你的用户行为号召。（首先的意思是，在你有了计划之后，把它作为第一步。）

现在，让你的用户行为号召充满你所能够拥有的所有情感力量。你想让你的读者感受到怎样的情绪？想要他们觉得：自己是在和一家有趣的公司做生意？有信心自己做出了明智的决定？想念更简单、更友好的旧时光？这是你的第一次（也是最后一次）机会来唤起读者的这些情绪反应。

让客户下订单的三种方式

如果想要让客户感受到上述三种情绪，以下便是号召用户行为的方法：

> 现在！你听到我说的了，我现在就想要！赶紧送来手工制作的安哥拉键盘布，否则，后果自负。

> 我准备为孩子的未来进行投资，请寄给我一份免费的学费储蓄指南。

> 是的！我记得过去我们有更多的闲暇时光可以坐下来发发呆。请为我报名山水画初级班。

案例研究 《赛车运动》（*Motor Sport*）杂志的订阅单页

"加入"是一个诉诸情绪的词，它比"订阅"更有力量。

退款保证有助于客户克服未说出口的障碍，"如果我改变了主意怎么办？"

引用斯特林·莫斯（Stirling Moss）爵士的评论，这是利用权威人物来强化读者的信心。

《赛车运动》（*Motor Sport*）杂志创刊于1924年。从上面的评论中可以看到，许多著名的赛车手是它的用户。这张订阅单页的内页就是一次大的用户行为号召。

我们提醒读者，如果不订阅该杂志，他们会错过什么。我们引用了斯特林·莫斯（Stirling Moss）爵士的推荐和担保，他是一位受人尊敬的前冠军。我们提供了订阅保证书，如果用户对杂志不满意，我们承诺退款。我们还在单页的顶端放入了用户行为召唤标题，该标题指向订阅表格，重申了行为号召。

你有没有注意到那三句话有一个共同的特点？它们都是从客户的角度写的，而不是从公司的角度。这种风格允许读者直接进入到行为号召的语境中，并采取行动。一切全是关于客户的。没有提到金钱或表格填写，而是专注于向客户做承诺。

你也可以在勾选框的边上添加一张值得信赖的人物的照片。也许是你的品牌发言人、现有客户或总经理。给照片添加一句说明文字，加上引号；这句说明文字应当是关于非常重要的内容的，比如客户满意度、公司声誉或者总经理对商业的个人感悟。

▶ **试试这个**：强化承诺中与安全有关的部分，例如退款保证、客户推荐或试用期。

最终，因为交易的本质是商业的，你可以唤起的情感反应是有限的。但是，想想一个超级棒的汽车销售人员会如何处理这个难题。

你即将承诺压力重大的五年分期付款。但是你不在乎（不是真的），因为就在那里，在前院，停着的是……你的新车。你新交的好友，你甚至已

加入《赛车运动》杂志并获得三重免费

你如何追踪自己喜爱的运动？F1、汽车拉力赛、越野车、历史车赛、摩托……对于博学的赛车迷来说只有一个答案——《赛车运动》杂志。

F1——导航、车身、系统，驾驶者包括赛车界最有权威的罗奈吉尔·罗巴克的声音。

观点与采访，与赛车手、车队领头人及技术创新人员共进午餐。

赛车历史——《赛车运动》杂志是赛车运动爱好者最好的回忆录。

从越野车到古董车，从纳斯卡拉力赛到汽车赛事到所有赛事，囊括所有赛车运动。

I started reading Motor Sport avidly in 1947 or thereabouts, and I haven't missed an issue since then, because it's an exceptionally good magazine, simple as that." Sir Stirling Moss

经为它选好名字了!(哦,只有我会这样做吗?好吧。)

销售人员必须让你在合同上签名,但他显然不希望你的注意力从汽车转向你将要承担的义务。他无法用另一个法律词汇来代替合同这两个字,但这可难不倒我们顶尖的汽车销售。他为你打开门,用一句百试不爽的台词将你引到办公桌边上:"现在,我们只需要完成文书工作,你就可以驾驶你的新车上路了。"(大笑)

文书工作。这个词不具有情绪上的吸引力。但也没有人指望它有。它是中性的。你身前一位有些乏味的管理者让你把踏板踩在油门上,轮胎转动与路面摩擦,然后你就驾车离开了。而你也签字了。

从理论到利润

如果你不相信你卖的产品或服务所具有的价值,就很难做出真诚而可信的用户行为召唤。因此,在本书的这部分即将结束的时候,也是你退后一步、仔细审视你的产品或服务的最佳时机。你的产品或服务对客户来说,真正的价值是什么?它是如何让客户的生活变得更轻松、更好或更简单的?在客户购买产品或服务后,他们感觉如何?他们在社交媒体上对该产品或服务有何评价?

一旦你看到客户认为你的产品具有怎样的价值,并将其内化,你就可以开始要求其他人从你那里购买它。第二点是英国读者尤其需要的,不要因为产品的价格感到尴尬,也不要因为要求客户付费购买感到不自在。接下来,为什么不对你所在的机构发起的用户行为号召进行检查呢?是的,对所有的用户行为号召进行检查,将它们全部放在电子表格或演示文稿中,然后评估它们的情感力量与行政效率。这个产品能改变人的一生;谁不会为要求他人购买该产品而感到自豪呢?

测试你的知识 ✔

1. 为什么你不应该在用户行为召唤中使用"如果"这个词？

2. 可以在用户行为召唤中使用情感吗？

3. 什么时候是撰写用户行为召唤的最佳时机？

4. 撰写用户行为召唤中的最佳方式是从客户的角度出发。对或错？

5. 以下哪个词不是诉诸情绪的词语：

   a）加入

   b）保证

   c）购买

   d）赶

   e）恭喜

练习 ⏱

练习 39：我需要你购买这个

以你的产品为模型，只使用本章情绪词汇列表中的词语来撰写 6 种用户行为召唤。

练习 40：关于销售的短剧

销售人员正在向顾客出售你的产品，或者顾客正在向销售人员购买你的产品。为这个场景写一个短剧。保持对话自然，并想象两个角色各自的感受。

练习 41：充满订单的网络

浏览你的网站，找到每一个用户行为召唤，并重写缺乏情绪感染力的那些。

第二部分

愉悦的原则：

使你的写作更愉快、更令人信服

第八章　文案写作者的
五种让人愉悦的技巧

最高尚的快乐是理解的快乐。

——列奥纳多·达·芬奇（Leonardo da Vinci）

简介

我大约每个月都会收到一封写作新手的电子邮件。他们有各自不同的需求，有的想要一份工作，希望获得关于如何求职的建议，期待我给他们的文字一些反馈，或是想要知道他们是否可以成为出色的文案撰写者。我对其中一封邮件印象深刻，它从开始到结束以一个复杂的、涉及蛋糕和地板材料的比喻贯穿全文。这位作者很有才华，或者至少是拥有作为一名作家所需要的才华。我可以想象人们付钱阅读她的文字，并且很可能因为她的文字而微笑。不幸的是——对她、对我和对你而言——没有人会付钱阅读我们的文字。事实上，不少人可能会付钱而不读我们的文字。我认为她的错误是将愉悦视为写作的最终目标，而不是将其视作达到目标的手段。就像很多有抱负的文案写作者一样，她已经将自己对文字游戏的热爱投射到读者身上，认为读者会对文案中的双关、押韵和神秘幽默给出正面的情绪反应。

她很可能是对的：也许人们的确喜欢这些。但是，情绪反应与商业反应之间存在巨大而明显的差异。我希望人们对我的文案有情绪反应，并不是因为我是某种治疗师，而是因为我相信如果他们觉得购买是愉快的，他们就可能会愿意购买。我是一个愤世嫉俗的人吗？不，我是一名写作者。我的客户聘请我的机构帮助他们解决商业问题，其中最常见的是"我们需要销售更多的产品"。然而……

我相信撰写一篇尽管具有明确商业目的但读起来依然愉快的文案不会给读者带来任何伤害。我只是不认同把愉悦的感觉提升到最终目标这样的地位。我不认同把愉悦作为奋斗目标，也不认同炫耀文笔。我永远不会忘记文案应该是不可见的。那么你怎么能同时既是隐形的又是令人愉快的呢？我认为，答案就在于创造一种环境，让你的销售信息更容易被吸收，因为这样做你的语言不会让读者不高兴。这有点像夏天在地中海游泳的感觉：在水里感觉很舒服，即使你意识不到水正接触着皮肤。

*

随着自我的成长，每个写作者都会在某个时刻开始问自己："那么，现在要怎么做呢？"你应该懂得如何区分产品给用户带来的利益与产品的功能。为读者写作是你的第二天性。而且你也从来不会问出你的读者能够拒绝的问题。那么然后怎么做呢？

然后，你可以思考如何让你的文案读起来更愉快。这对文案写作者来说，可能看起来很奇怪。文案难道不应该是隐形的吗？

我们是不是应该画一幅对我们的潜在客户深具诱惑力的图画，以至于真实世界渐渐消散，只剩下"拥有产品后的生活"这个辉煌的未来？嗯，是的。我们假设这一切都发生了。

然后，下一步就是让阅读本身变得令人愉悦。即使对于一个拥有最低教育程度的读者来说，阅读也可以而且应该是一种享受。正如塞缪尔·约翰逊（Samuel Johnson）所说的那样："不费劲儿写出的东西往往读之无味。"

但是这在实践中意味着什么？我们应该怎么做？

反例：……最近，中立、无偏见的金融服务研究机构 ReQualtic 为我公司的"50 岁以上人寿保险"部门做了评测，而毫不令人吃惊的是，我公司"50 岁以上人寿保险"部门获得了最高得分的 5 星评级认可。

佳作：又到了一周结束之时！你过得怎么样？是成功的，还是倍感压力？我们度过了超棒的一周（感谢关心），而且还发现了一些很酷的在线涂鸦与你分享。——来自乔·奇里亚尼（Jo Ciriani）撰写的通讯

如何让你的文案读起来令人愉悦

以下是影响阅读体验的五个方面：

1. 格律；

2. 节奏；

3. 音乐性；

4. 意象；

5. 惊讶。

以下是如何在文案中使用它们的方法。

有格律的文案

我们都很善于发现和回应身边的模式。语言模式很有趣，因为它们将这种发现模式的本能愿望与思想的交流结合起来。

如果你曾经读过或写过诗，你就会意识到节奏的一个方面是格（metre）。什么是格？

格就是诸如扬抑、扬抑、扬抑的语音轻重组合。

这就是为什么"真理、正义和美国的方式"要比"美国的方式、真理和正义"读起来更令人愉快。

也是为什么"作为代表，你会遇到同行，与他们分享想法，并向其中的佼佼者学习"要比"作为代表，你会遇到同行写作者，分享想法并向顶级作家学习"更悦耳（也更悦目）。

调整好文案（和读者）的节奏

如果你的老师、导师或讨厌的老板在你打字时斜倚在键盘上方，大声说："你知道你应该保持句子简短，不是吗？"他们给你上了文案写作初级第一课。他们的说法有一定的道理。前提是他们得加上一个词——"平均"。

如果你在文案中只使用短句，会显得有点奇怪。

句子会崩溃。

它们变短了，太短了。

每个句子都是一枚石子，投向你的读者，形成一道路障。

它们有效，当然了。

像半块砖一样有效。

但它们从不放弃。一个接一个地。

砖块飞起。瓶子粉碎。

倍感压力。精疲力竭。

最终，那些被忽略和拒绝的字、词、句子和段落逃离出来，吵吵嚷嚷地想要被听见，它们实在太多了，一切都陷入了混乱。

试试这个：大声读出你的文案，你会听到格律、节奏和音乐性。如果你能听出这些，你就可以做出判断。如果需要，你也就可以加以改善。

节奏意味着给读者休息的时间，让他们在舞蹈跳跃的快步子之间享受几次优雅的缓行。

佳作：最好的水果和蔬菜？完美？顶级品质？全天然生产但又有绝佳口感？必须的！［来自波兰豪待客（Hortex）网站］

感受文案的音乐性

还记得我们刚刚在谈论的模式吗？

音乐性与模式有关。这里模式指的不是节奏或拍子，而是语音。在写作中，头韵（alliteration）是一种简单的音乐模式。如果处理得好，它一定能有所成效。

你可能会写道："如果市场上有更软（softer）的座椅（seat），我们会感到惊讶（surprised）。"这不像《唱一首六便士之歌》（*sing a song of six pence*）那么明显，但头韵依然存在，因此读起来感觉很舒服。

佳作：新的头等舱座椅（seat）是您在天空（sky）中的私人专属圣地（sanctuary）。（来自新加坡航空网站）

在文案写作中，押韵（rhyme）会有帮助吗？这当然会更棘手些。问题在于，如果押韵是显而易见的，例如"我对你如此爱恋，如手套对手般亲密无间"，那么押韵本身可能会吸引太多注意力。此时，模式没有为文案增光添彩，反而掩盖了句子本身的意思。

但是，如果你用单词内部的元音来押韵——这种技巧叫作准押韵或半谐音（assonance）——你可以创造出令人难忘的、能吸引读者长时间阅读的文字。与用这种技巧写正文相比，在写标语和标题时使用这种技巧尤为有效。

例如：

买豆子就找亨氏（Beanz Meanz Heinz）

吉列：男人的选择（Gillette：the best a man can get）

捷豹：天生爱表演（Jaguar：Born to perform）

案例研究 Addcent 咨询公司的主页

主页标题用了"您的"这个词，直接与读者对话。尽管它模仿了著名演讲中的一句话，却没有说完，而是鼓励读者继续阅读正文。

再看看标题之外的部分。我们使用了老派的销售文案风格，每一行都提到了产品给用户带来的好处。

使用云，是迈向业务成功的一大步

Addcent 的宗旨是增加关系的可见度并让它们带来盈利。通过使用云，我们可以简单、快速、花费最少的金钱来实现这个宗旨。我们的业务拓展包可以帮助你增加销量，减少获得客户的成本，提供物美价廉的客户支持，提高客户满意度。
联系我们，了解更多我们可以为贵公司增加的价值。

Addcent 咨询公司是一家使用云计算的瑞典客户关系管理（CRM）咨询公司。客户想要以"空间"主题为基础为网站创造极具吸引力的标签和简介。

共鸣是一种从著名的故事、短语或名字借用情感影响的技巧。在这里，我们参考了尼尔·阿姆斯特朗在踏上月球表面时说的那句著名的话。

文案的语言意象

要抓住读者的情绪，吸引他们完成销售，最佳的方式之一就是利用语言的力量创造视觉或其他感官意象。

比较这两句旅行手册文案中的文字：

反例：几个世纪以来，爱奥尼亚海清澈的海水为疲惫的旅行者带来了舒适和平静的感觉。现在，轮到你体验从尤维纳利斯（Juvenal）时代起西西里岛最受欢迎的度假胜地陶尔米纳的惊人品质了。

裁决：正式的，枯燥乏味的，诉诸智力的。

佳作：将脚趾浸入水中，感受水流轻轻拍打脚底。准备好迎接惊喜。第一，海水很温暖。第二，海水是如此清澈，你甚至觉得自己可以伸手触摸到 10 英尺之下岩石缝隙里的海胆。欢迎来到西西里岛，欢迎来到陶尔米纳。

裁决：非正式的，视觉意象丰富的，诉诸情绪的。

你也不需要限制自己只使用视觉语言。你的客户有其他感官，你可以尽可能多地吸引客户的所有感官。你可以用以下两种方法中的任意一个来完成。

直接的方法：如果你的产品能刺激感官，那么就描述产品是如何刺激感官的。主题公园的新过山车可能会让你感觉胃里翻江倒海刺激不已。写进去！一家新餐厅可能会每天早上自己做面包，为每个来吃午餐的客户提供怀旧的刚出炉面包的味道。写进去！你的新工业涂料可能像婴儿的屁股一样光滑。这个就不要写了，因为这是陈词滥调！

间接的方法：在神经语言程序学（NLP）圈子中有一个很流行的假设，说的是我们每个人都对如何与他人交流有一种首选的"感官形式"。这种假设的支持者声称，X% 的人主要依赖视觉感官，Y% 主要依赖听觉感官，Z% 主要依赖运动感官（物理运动或活动的感觉）。按照这个假设，你可以在文案的开头使用视觉语言："你能明白我的意思吗？"然后转向听觉语言："如果这听起来完美到不像真的，请继续往下读。"最后使用与身体动作有关的词："抢先抓住这个机会。"我甚至在还没有听说过 NLP 之前就已经这么做了，但依然很高兴地知道这样做的背后还有一些科学道理。

💡 **灯泡时刻**：记住，你的潜在客户知道他正在阅读广告，或垃圾邮件，或营销发言。他持有怀疑态度。他不容易相信你。他很可能感到无聊。

让你的潜在客户感到意外，不得不继续阅读下去

诉诸情绪的写作过程包括管理你潜在客户的注意力水平。在阅读较长的文案（根据历史数据，较长的文案已被证明有更高的导向订单的机会）时，你的潜在客户更有可能半途失去兴趣，略过你仔细编织的论证过程。快！此时你需要说点什么来吸引他的注意力，说些令人惊讶的事情，一种高风险的策略是使用脏话。好处是你一定会重新获得潜在客户的关注。缺点则是你可能会让本可能慷慨解囊的人退后与你保持距离。在像博客文章这样非常私人的沟通中，它的效果更好，又或者当你正在为有头脑和街头智慧的读者写文案时——抱歉的是，这可能意味着他们不会超过 25 岁。

或者你可以使用令人震惊的图像或短语。擅长直接回应的文案写作老手尤金·施瓦茨曾想过一条可爱的标题，至今让我发笑。

> 性这种食物如此强大，牧师被禁止食用

或者，也许你可以直接触动大脑边缘系统，使用一个强大到无法被控制的意象：

> 我们的目标是，让这次活动像你的初吻一样，终生难忘。

（这句是我写的。）

重复能强调你的观点

这种简单的技术能强调你的观点，而且不会让你的读者感到厌恶。你会以很快的频率说同样的话，或者是几乎同样的话。这就创造了一种模式，而我们知道人类大脑的结构注定它本能地喜欢模式。模式更令人难忘，因为模式意味着秩序，秩序意味着重要性，重要性意味着好处。也许你会得到一些好吃的东西，也许你不会成为他人的猎物，也许你会找到一个伴侣。（我的意思不是说现在，而是按照进化术语来说。）下面是几个例子：

> 不要问你的国家能为你做些什么。问问你可以为你的国家做些什么。（约翰·F.肯尼迪，总统就职演说，1961 年 1 月）

> 这个国家中的很多人在我之前付出了代价，也有很多人会在我之后付出代价。（由纳尔逊·R.曼德拉和纳尔逊·曼德拉基金会提供，版权所有，2010 年）

还有几个更常见的例子：

> 你是文案写作者吗？
>
> 一个前途无量的文案写作者？
>
> 一个有干劲、有胆量、有志向的文案写作者？
>
> 是吗？那你一定会爱上我将为你提供的东西。

> 召唤所有工程师。
>
> 我们认为工程师非常出色。
>
> 我们想聘请更多的工程师。

出于某种原因，重复三次的效果非常好。修辞学家会将此称为三次重复（triad）。如果你想为蛋糕添点糖霜，那么你可以让最后一句变成转折——颠倒部分或全部的句法，让你的读者因为持续阅读而获得回报。例如：

> 策略不仅仅是将许多技巧结合在一起。
>
> 策略不仅仅是计划的另一种花哨说法。
>
> 策略是制定决策的一种规则。

佳作：造最安全、最环保、最节能的好车，让用户快乐使用吉利车，让经销商快乐营销吉利车。[来自吉利汽车（中国）网站]

当一个单词的不同形式被花哨地重复时，读者会分心，并因此不再对内容关心。例如这个：

> 这是抢占亚太市场份额的战略机遇。我们的战略目标一直包括抓住机遇，而如果错失这个机会，就会在战略上很难前进。

读者很可能中途就停下了，但如果他们一直阅读下去，他们也只会搜索、指出、嘲笑这一文笔差劲的例子，还很可能会为此写个推特。你失去了你的读者，将他们变成了你的校对员。

七种文案陷阱及如何避免它们

有时候最好的作家反而是最差的文案写作者。他们对语言运用娴熟，但这在写文案时却成了阻碍。为什么？因为他们太容易就陷入了玩弄文字所获得的乐趣之中。没有一个句子不能通过增加一个好玩的比喻来改善，没有一个标题在加上了双关语后会失效，也没有一个用户行为召唤不能通过加入一个可爱的小眨眼来引起读者的幽默感和共鸣。我的问题总是同样的：这种改变能怎样帮你赢得更多业务？

话虽如此，坏作家同样也不会是好的文案写作者。由于缺乏使用语言的技巧，他们只能凑合着在泥泞的田野上踢球。陈词滥调、行话和套话都是他们的惯用伎俩。每一次企业发展，无论多么平凡，都"令人兴奋"；每一个提议，无论多么乏味，都"太棒了"；每一款新产品，无论多么普通，都是"革命性的"。

这两者在高级文案写作的世界里都寸步难行。因为他们甚至没有尝试去和客户进行情感联系。好的作家忙于自娱自乐，无暇去考虑客户的感受；坏作家并没有真正给出任何有意义的内容。然而，你是不同的。所以我想给你一份地图，它将帮助你避开那些技巧过头或不足的写作者容易陷入的最糟糕的陷阱。（我相信你两者都不是。）优秀的文案在撰写时要满足四大基本规则：把读者放在写作的核心；产品的作用要比产品是什么更为重要；你在这里的目标是实现销售；内容比形式更重要。我们将审视当我们忘记这些基本规则时会发生什么。我们还将通过一些基本的诊断测试进行检查，以确保我们没有违背任何一条基本规则。

我认为是时候重复一个古老的文案金句了："关键不是你想说什么，而是你的读者想听什么。"这就使我们的工作变得非常简单。因为我们的读者想要听到的，无非是"我有解决你所面临的问题的办法"这类的话语。这是简化吗？大概是的。但我们不是小说家、诗人或记者（尽管我们可以借用他们的一些方法）；我们的读者也不是在寻找娱乐或新闻。

灯泡时刻：把你的文字想象成一扇窗户。你希望读者看到风景，而不是玻璃。

你的读者也本能地倾向于不喜欢粗俗的口头表达、最基本的错误和以自我为中心的写作。考虑到这一点，为了确保读者能通过窗户欣赏到而不是看到玻璃上的污迹，以下是我们必须避免的几种陷阱。

陷阱1：专注于产品的功能，而不是产品对读者的重要性

产品文案往往侧重于谈论产品是如何运行的、它的功能是什么或者产品是谁创造的。

我们必须忘记所有这些，专注于该产品对读者的重要性。

例如，如果一台昂贵的音响系统就像一本精装书一样小巧，为什么这对那些居住在拥有宽敞客厅的大房子里的人很重要呢？如果你认为我是在（又一次）告诉你产品给用户带来的好处要比产品的功能重要，那么你说对了。

在你以产品给用户带来的好处为目标撰写文案时，始终用"那又如何？"进行验证。简而言之，如果你能想象你的潜在客户会说"那又如何？"，那么这就意味着你没有写出产品对用户带来的好处。对于书本大小的高保真音响系统，你能写出哪些好处呢？

陷阱2：懒惰

当我们赶时间时，我们很容易会想要用坏主意，只因为它先出现了。

你通常会在标题中看到这种情况，因为有一个与图片呼应的平庸的双关语，它就被用在了标题里。如果你没有时间去构思一些新鲜的内容，你应该挤出更多的时间，或者先做其他事情，直到你有足够的时间来构思再动笔。能完工并将你的文案发送给客户、开发人员、设计人员或邮寄回公司是令人欣慰的，这意味着你又划去了待办事项清单中的一项。但除非这本身就是你的最终目标，否则你最好还是再等一等。

陷阱 3：让读者觉得困惑

读者是谁并不重要，任何情况下都没有理由使用不必要出现的复杂语言。

请记住，只要你正在撰写文案（即广告），你的读者将几乎不会花任何力气试图理解它。如果你让读者觉得困惑，你就将失去他们。所以即便你的读者是首席执行官、工程师或者是大学讲师，那又如何？

他们都能理解最简单的英语，不是吗？尽管他们可能会使用复杂的语言，但他们的目标与你的目标不同。他们可能在寻求在社交、智力或政治上的优越感。而你则是在试图向陌生人出售东西。

我并不是主张只使用简单的短词。如果产品涉及简化衍生品交易，你最好直接说出口。但是，如果你要说的是"睡个好觉"，我绝对不会称之为"经科学证明的睡眠解决方案"。

陷阱 4：试图娱乐读者

我是指各种幽默的尝试。如双关语、文字游戏、蹩脚的笑话。

一部分原因是因为幽默很难传播。另一部分原因是即使幽默可以传播，我们也不希望读者大笑；我们希望他们能够摸出信用卡付钱。是否有例外？对于社交媒体和博客来说，这是一个相当安全的选择。但是这只会让你在影响力之池的浅水区溅起小水花罢了。

你可能会因为幽默感而聚集成千上万的粉丝，但如果这是他们关注你的原因，那么最终需要付钱时他们可能就不那么乐意了。

💡 **灯泡时刻**：分散读者的注意力可能会使交易失败。请记住，你的目标是完成交易，不是提供娱乐。

陷阱 5：没有检查错误

已经很晚了，文案写作者只想赶紧回家。他们在屏幕上粗略地扫了一眼草案，就将它发送给他们的老板或客户以得到批准。或者，更糟糕的是，他们把它发了出去，到了客户手上。里面有错误——噢，大事不妙。

这个陷阱与第二个陷阱紧密相关。检查你的工作并不是一份额外的工作。这是写作过程一个必要的组成部分。你笔下充满感情色彩的故事，充满了生动的细节、对话和用来说服读者的巧妙花招，但却因为一个用错的标点或拼写而栽了。你还会发现，曾经忙忙碌碌的客户突然不仅有了足够的时间来检查你的文案中是否还有其他错误，而且有足够的时间将它们全部发布到推特上。

陷阱 6：炫耀

尽管文案作者们总是自称忙碌，他们还是会花很长时间来研究文案的主题。但是，将维基百科的内容反刍出来并不会为你的商品添彩。

使用你想象中的高雅文笔也不会为你的商品添彩。"如果 18 世纪法国著名诗歌流派字母派的约翰逊博士今天浏览我们的网站，他可能会这样说……"

想象一下这个熟悉的场景。文案作家塔蒂阿娜正在写一份公司简介、网站内容或新闻稿，在她绞尽脑汁构思时，她想到了一句美妙的句子。也许是个比喻，不，是个明喻，或者是个谚语，也许是一句警句？事实上，她不知道是什么，但她肯定会在下一句话中使用它。

她写道："退休后的舒适生活，是谚语中所说的悬在我们面前的胡萝卜。"

她犯了一个常见的错误，认为任何修辞都是"谚语中所说的"。事实上，只有从谚语衍生出来的东西才是谚语中所说的。所以，如果你说，"这就像谚语中所说的贼去关门（马跑掉之后关上马厩的门）"，你才说对了。这样说仍然很笨拙，但至少是准确的。

我们的文案写作者应该这样写："退休后的舒适生活，是悬在我们面前的一根隐喻性的胡萝卜。"但考虑到读者们都知道这只是个比喻（除非他们特别愚蠢），更好的说法是"退休后的舒适生活是悬在我们面前的胡萝卜"。

出于同样的原因，我们应该避免使用"毫不夸张地说（literally）"这个词。部分原因是它经常被误认为是它的反义词："象征性地（figuratively）"。例如，"毫不夸张地说，我流汗都流出血了（干得累死累活的）"（sweat blood）。或者因为这个词是多余的，"毫不夸张地说，顶点（Acme）小装置是唯一的"。

另一个需要引起注意的写作焦虑是把"有趣的"单词或短语放在引号里。例如：

> 《在你的后腿上》（*On Your Hind Legs*）是演讲写作者的"圣经"。（潜台词：《在你的后腿上》不是演讲写作者的圣经。我们只是希望它是。）
>
> 《在你的后腿上》（*On Your Hind Legs*）是演讲写作者的圣经。（潜台词：《在你的后腿上》对演讲写作者的重要性，就像《圣经》对基督徒的重要性一样。）

让你的读者注意到你正在使用修辞手法，这永远不是一个好主意。要么它是一个足够强大的图像，可以靠自己的双脚站立，要么你把它推倒，拿出更好的东西来。

陷阱 7：为错误的读者写作

公平地说，这有时是不可避免的。有三种错误的读者：你的老板，你自己和你的同事。如果你的老板（或客户）只有在文案符合他们心目中的模样时才认可你，那么你就难免会以取悦他们为目标。否则你就需要一个强健的胃，可能还需要一个满满的银行账户。

如果你为自己而写，偏爱你喜欢使用或阅读的单词或短语，那几乎总是错误的。你要想，你的读者对这些词汇的反应是什么？他们会更愿意购买吗？这才是重要的。

又或者你可能有一个同事，他的意见在公司里很重要。于是他的意见可能会对你的文案产生影响，不管它是否符合客户的需要。此时要坚持你的意见，为客户而写。

从理论到利润

这一章和本书中的其他章节一样，具有普遍的适用性。无论你是在重型工程设备厂工作，还是为时髦的时尚品牌工作，都是适合的。每个读者都能够在阅读的过程中感到愉悦，而只要你听从我的建议，不把愉悦感当作写作的目标，你就会成功。

至少，你可以确保你的文案总是读起来很轻松。实际上，我说的是"句子长度"这个我们的老朋友。坚持把平均句长控制在 15 到 24 个字（英语是10 到 16 个单词），这意味着没有人会对你说的话感到困惑。对于技术说明、产品文档和法律内容而言，这可能就是你需要或希望加入文案的乐趣的全部理由了。但是对于任何你称之为面向客户的内容，以及任何客户在购买前阅读的内容，要尽量增加一些（除内容以外的）特色。请记住，这些技巧和书中的其他技巧同样适用于非销售沟通。

最后，你可以使用这七种文案陷阱来评价你写得怎么样。也许你应该带几篇最近的作品回家，远离办公室，在安静的环境中阅读。（如果你是在家里写的，也许你应该带去工作场所，离开你的写作圣所，在喧嚣的人群中读一读。）即使你是一个优秀的作家，甚至是一个才华横溢的作家，偶尔也会沉溺于轻浮的语言或语言体操之中，这都是很自然的。如果你在写作的时候不得不赶时间，也许你会读到一些让你不快的段落。别担心！我们都做过类似的事情。我曾经在自己的工作坊里不好意思地承认，如果我是读者的话，我刚起草的那份文案会让我读着就生气。别担心，我已彻底将它修改过了。关键是，现在你知道该注意什么，因此你能够保持警惕。

测试你的知识 ✔

1. 什么是格（metre）？

　　a）每句话的平均句长

　　b）文案的总长度

　　c）文案的格律

2. 什么是头韵（alliteration）？

　　a）以同一个字母开头的单词

　　b）使用比喻或明喻

　　c）引用文学作品（例如莎士比亚的作品）中的话

3. 你应该把文案中所有的句子限制在8到12个字（英语是5到8个单词）之间。对或错？

4. 隐喻和明喻都是视觉语言的形式。对或错？

5. 哪个词会将大多数读者从瞌睡中唤醒？

　　a）和

　　b）你

　　c）性

6. 为什么偶然的重复是不好的？

7. 一组重复的理想次数是几次？

8. 重复只适用于完整的短语。对或错？

9. 当你故意重复时，你的读者会发现什么？

　　a）你已经词穷了

　　b）一种模式

　　c）文字的音乐性

10. 最早有意识地在辩论中使用重复这个修辞方法的是：

　　a）古代极客

　　b）古代狮子狗

c）古希腊人

11. 在使用修辞手法时加上引号，如"双刃剑"，这样做为什么不对？

12. 删除使"我们"快乐的文章段落的行为被称作什么？

　　a）谋杀你的宝贝

　　b）绑架你的宝宝

　　c）打败你的好友

13. 什么时候可以在文案中使用幽默？

　　a）当你不需要销售的时候

　　b）任何你想要这么做的时候

　　c）当你想让读者笑的时候

14. 谁是你唯一的写作对象？

15. 可以说"我们把谚语中所说的马车放到马的前面（本末倒置）"。对或错？

练习

练习42：享受标题的乐趣

选择本章中描述的五种引起愉悦的技巧之一，并将其用在标题、主题行或其他短篇幅文案中。

练习43：我感到你有了兴趣

尝试写一小段文案，描述使用或体验你的产品有怎样的感觉。使用至少两种不同的感官语言，例如视觉和知觉。

练习44：完美十分

选取你最近写的一篇文案，使用本章中所介绍的所有五种让读者愉悦的技巧：格律、节奏、音乐性、意象、惊讶。每一项的满分都是 10 分。如果任何一方面的得分少于 7 分，则需要重写。

练习 45：跟我重复

重复使用下列词语，每个重复三次：

- 客户；
- 快乐；
- 创新。

尝试在每一组中使用不同的句子风格，就像我之前所做的那样。

练习 46：用重复来开头

用重复的方法为你公司最畅销的产品写一个广告开头。

把重复的重点放在产品给用户带来的好处上。

练习 47：继续重复

使用重复为你的广告撰写一个标题。它不一定要三次重复或重复一个完整的字词。在声音或首字母上花工夫也行。

练习 48：你发誓会说出全部真相吗？

为一家虚构的律师事务所重写下面的这段文案，删除所有写得不好的地方，并用更好的写作方法重写。

马斯伦和凯利律所：我们走得更远

在马斯伦和凯利律所，我们坚信经营一家律师事务所有点像跑马拉松。在 25 英里处停下是没有意义的。因此，我们确保我们全力以赴跑完全部 26 英里。我们有一个由七名合伙人、五名助理合伙人和五名律师助理组成的团队。我们在任何法律服务方面都拥有总共超过 68 年的经验，从家庭法、诉讼、财产转让到遗嘱检验。

与查尔斯·狄更斯 1853 年著名小说《荒凉山庄》中虚构的（谢天谢地）詹狄士律所不同，我们并不想试图通过不必要的拖延来抬高我们的费用。我们的目标始终是确保客户获得最佳的法律结果。这种方法论，事实上，保证了客户的最佳利益。你们中的一些人可能会怀疑使用法律服务是否会是昂贵和有压力的。那么，来和我们进行一个非正式的、没有义务的谈话吧，你便是评判的法官！

练习 49：得分是……

拿出你最近的一份文案，并使用本章所介绍的七种文案陷阱为它评分。每个陷阱总分为 10 分。如果你完全避开了陷阱，就给自己一个零分。

如果你一阵猛冲头朝下跌入陷阱，给自己一个 10 分。把所有七个陷阱的得分加起来。如果你的得分在 21 分以下，那就相当不错了；你只需要再努力一点就能完全消除这些失误。如果你的得分在 22 至 42 分，还算可以，但是你需要花费更多的时间进行编辑完善，或者花更多时间在写初稿上。如果你的得分在 43 分或以上，嗯，我赞赏你的诚实，现在得将这份真诚用在改善计划上。从本书中的课程开始，我相信你很快就可以将你的得分降低到 14 分以下。

练习 50：给。我。乐趣！

我希望你写一些有趣的东西，真正有趣的东西。为什么？首先，因为跟着本书学到这里，我认为你值得享受一些乐趣了。其次，因为它实际上是一种非常理想的技能。你的职业生涯中可能永远不会有很多使用它的机会，但是当你这样做时，哦，简直太棒了！你怎么知道你是否成功了呢？你可以发送给我，我会告诉你我有没有微笑、大笑出声（LOL）或笑到在地上打滚（ROFL）。或者让朋友阅读并听听他们的反应。

第九章　如何使用想象力、释放创造力

我在大理石中看见了天使。于是我不停地雕刻，直至给他自由。

——米开朗琪罗（Michelangelo）

简介

作为写作者，我们被期望能够不离开我们的办公桌，就能提出创意概念并且用文字表达出来。所以让我问你几个问题。你上一次想到一个非常好的主意是在什么时候？不一定是关于文案的好主意，也可以是任何好主意。那么你是在哪里想出这个好主意的呢？是坐在桌边的时候吗？你又是在什么时候想出这个好主意的？是在工作时间内吗？不，我不这么认为。日常生活的常规会阻碍创造性思维。也许是，嗯，我说不好，也许就是因为它是常规吧。在本章里，我将尝试解释我是如何创作的，并帮助你发现最适合你的创意方式。

如果我们对自己诚实，那么很多文案都可以无须花费大量精力在键盘上累死累活就可以成功地完成，并且带来收益。假如一个新产品仅仅是改变了名字或者增加了一个新功能，这时的宣传文案就不需要太多创意。你只需要从上次的文案入手即可。但也有一些宣传活动需要"让人眼前一亮的东西"——一家大型媒体公司的高级管理人员曾在向我介绍她要写的信件时这么说。

这时你就必须拿出看家本领了。根据我的经验，你没法在贴着"在这附近有有效的东西"标签的抽屉里，在带有"模板"标签的盒子里，或者在写着"日常创意"的桌下搁板上找到能让人惊叹的灵感。

那么，我们能在哪里找到它们呢？我想，答案是在我们的潜意识里。我并不是想说得神秘、怪异、不愉快或让我们恢复记忆之类的。只是我们的任何想法都必然来自头脑。如果我们无法有意识地直接找到它，那么它就必定在意识表面之下，也就是在我们的潜意识之中。当然，这引发了另一个问题，那就是，真正的好主意是如何到达潜意识的？

*

第一个问题：人的想法是如何进入潜意识的？

我在杂志上阅读"我的阅读"专栏时，有时会读到受访者声称他们只读传记和非小说，因为"小说不是真实的"，这时我的心就直往下沉。他们错失了世界上最丰富的想法源泉。

小说家和文案写作者在同一个沙盒里玩耍，这个沙盒就叫作人类的行为。具体来说，就是人类的情绪。所以无论我们的名人受访者是否喜欢阅读非虚构类书或虚构类书，这都无关紧要。重要的是，我们应该阅读。

要拥有伟大的创意，首先要积累伟大的创意。自打我有记忆以来，我一直在为书着迷。事实上，不只是书籍，杂志、报纸、漫画、广告海报、食品包装、公共标志——任何带有文字的东西我都为之着迷。我贪婪地去看、去读。但一味暴食而不进行运动只会导致肥胖。为了拥有自己的想法，你需要燃烧卡路里，而不只是摄入卡路里。

我认为最佳创意来自现有创意之间的联系。也许你会把两篇文学作品放在一起，然后想出一些新的主意。或者，也许更好的是，你把文学和流行文化结合在一起，并且洞悉了真谛。

我一直喜欢创作双关语。在我家里（我怀疑还有很多其他人的家里），这种幽默形式被称为"爸爸的笑话"。这种笑话的得胜率很低，可能只有千分之一。但是，它能让家人大笑起来。

这种希望他人发笑的愿望让我不断用语言做各种试验，看看我能利用语言做些什么。我不害羞，不害怕，也不感到尴尬（尽管也许我应该这么觉得）。我只是这样去做。

在这个过程中，有一点很重要，那就是在我大声说出我的想法之前，我不会预先判断这个想法的好坏。好吧，我还是会在头脑里预先演练这个想法的时候做出自己的判断，但是我仍然会说出来，因为你永远无法预料听众的反应，他们可能比你更喜欢你的想法。

第二个问题：如何让想法从潜意识里走出来？

如何获得伟大的想法是整个科学和社会学研究的主题，我不打算在这里详细阐述（部分原因是我没有足够的知识储备）。但从我的经验来看，有三种方法会对此有所帮助：

1. 换个地方

我最好的想法很少产生于办公桌前。我很幸运，因为我生活在英格兰一个非常美丽的地方，有着绵延起伏的乡村风光。我也有一只非常可爱的狗，它叫作梅林，是一只惠比特犬。

每天，我和梅林一起散步。草地的某处有一条小河，一座小石桥横跨其上。我和梅林都喜欢坐在河岸的草地上休息。我在那里想到过一些绝妙的主意。

这是我的构思胜地。你可以去哪里激发你的创造力呢？

2. 换个时间

我正常的工作时间是上午 9 点到下午 5 点，可能会提前或延后一个小时，就像很多人一样。但偶尔我会在凌晨 5 点或 6 点醒来，并且不能重新入睡。所以我就起床开始工作。我可以在办公室里听到屋子周围的鸟鸣声，但除此之外，一片静默。我的头脑也异常清晰。我发现自己可以想出新的说话方式，更有趣的说话方式，更好的说话方式。

3. 换种工具

我使用键盘和屏幕组合来写大部分的文案。但是偶尔，特别是当我要写直邮信、长篇的电子邮件或网页时，我会改成使用过去用的工具。我会使用钢笔。（为了便于出生在数码时代的人理解，钢笔是一种纤细的手持式无线打印机，它使用液体碳粉，无需键盘即可在纸上写出你的想法。）

图 9.1　每位作家都需要一个适合思考的地方

作者的惠比特犬梅林正在思考网页文案的最佳开头

假如我说，你还需要努力工作才能让想法从潜意识里跑出来，你会觉得无聊吗？也许会。但你的确需要努力工作。毫无疑问，也有一些自由的灵魂拥有如此高的创意天赋，对他们而言想出好主意就像白雪公主伸出手指就会有蓝鸟落下来一样。但对我而言，我认为努力工作很有帮助。

我所说的"努力工作"是什么意思呢？别紧张，我的意思并不是说我一直坐在那里，痛苦而绝望地盯着空白的屏幕或者白纸。我的意思是我会好好做准备。下面我会与你分享一些对我想出好主意有帮助的方法（因为，谁知道呢，也许白雪公主的衣袖上有面包屑和粘鸟胶）。

操场测试

我确保对自己正在销售的产品有彻底的了解，以至于可以站在学校的操场上，向任何偶然站在那里的孩子解释这个产品是什么，并让他们弄明白。如果我做不到，便不会开始撰写文案。我会回到客户那里，问一系列越来越尖锐的问题（有些人会说愚蠢，但我不在乎），直到我能完成操场测试为止。

用户测试

然后，我试着去找到产品并亲自体验它。这并不总能实现，特别是如果你正在推广军事硬件、奢侈手表或价值百万英镑的安装软件，但这值得一试。

"我知道自己在说什么吗？"测试

我们都想要写出一句经典的广告语。但首先，你可以清楚简单地陈述商业目标是很必要的。我总是尝试用几句话来总结我的观点。我的一位好友曾经在英国军队指挥一个团。我问他，他的工作是什么。他说："我们炸毁敌人的东西，并试图阻止他们炸毁我们的。"我认为他说得最简明扼要不过了。

计划测试

好吧，这不完全算是一个测试，但我现在是在写"测试"主题。那我们就把它称为"我有计划吗？"测试吧。在我的第一本书《为了销售而写作》（*Write to Sell*）中，我详细解释了自己如何列计划的整个过程，因此我不打算在这里花时间重复全部细节。下面是最基本的内容。

我会做一个书面计划。我不相信自己聪明到足以一边在我的脑海中制定和记住计划，一边撰写文案。

我手写计划。计算机生成的字体对于本应该是自由流畅的过程来说有些太完美了。

我从我的商业目标入手。没有什么比实现客户想要的更重要了——不是读者的微笑，或奖励，或其他任何东西。

意思是，我想让我的读者知道什么（Know）、感受到什么（Feel）和承诺做什么（Commit）。

下载一个 KFC 计划模板。

我总是留出足够的时间来做计划，通常是我分配给项目总时间的大约四分之一。

我写过的效果最好的文案是一个为某次会议而写的主题行。我之前已经写过关于它的内容，但它非常适合放在本章中，因此我将再次介绍它的创意过程。

案例研究　《欧洲货币》（*Euromoney*）杂志的电子邮件宣传活动

这个主题行占据了 44 个字符，略超过 40 个字符（这被广泛认为是主题行的最佳长度）。但公司名称和"亿万美元宝贝"（Billion Dollar Baby）这个令人回味的词语恰好在该行的可扫描部分。

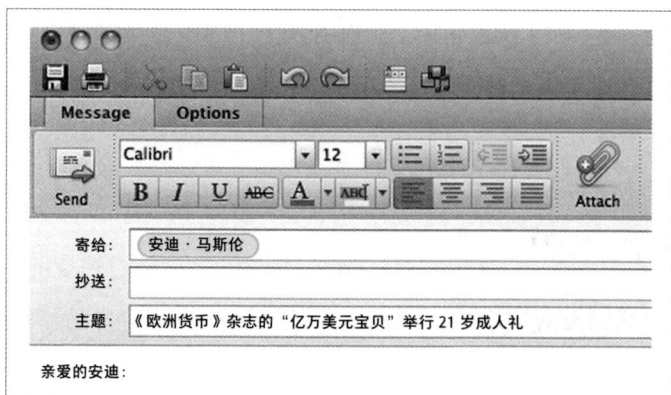

这次会议被称为航空金融（Airfinance）会议。它将在纽约举行。这将是它的第 21 次会议。

在与《航空金融》（*AirFinance*）杂志的市场营销经理和编辑的对话中，我发掘了一个令人着迷的事实，即在过去的 20 年间，这个在纽约举行的会议已经达成了价值约 10 亿美元的交易。

这时我可以写下一些有用的东西了：

今年是第 21 年举办，该会议实现了价值约十亿美元的航空金融交易

这个主题行可能也不错。

但今年恰好是希拉里·斯万克（Hilary Swank）凭借电影《亿万美元宝贝》（*Billion Dollar Baby*）中的角色获得奥斯卡最佳女主角的一年。

在我大脑中的某处，灵光乍现：

《欧洲货币》杂志的"亿万美元宝贝"举行 21 岁成人礼

营销经理杰森·科尔斯（Jason Coles）在一封电子邮件中表示：

真发人深省。我们曾经尝试和测试过的其他标题根本没法与你的"亿万美元宝贝"标题相比。该邮件的打开率和点击率直上云霄，在发送后几小时内会议的报名人数就显著上升。太棒了！预祝下次宣传活动也如此成功。

这就是效果！

获得创意的实用工具

要获得伟大的想法，有捷径可走吗？有的！那就很简单，不是吗？

这里有一个我找到的适合我的方法——单词关联法。

试试这个：玩耍不只是孩子的专利。与语言玩耍，直到你找到新的、吸引人的东西。只要确保它是相关的。

上述亿万美元宝贝创意可能是这样诞生的。

21> 门槛的关键，以前从来没有 21 岁过 > 成年

十亿美元 > 价值亿万美元宝贝 > 宝贝长大 > 成年

所以，你首先从简报中直接获取一些词语，可能是产品的名称，或者它的一个特征，或者它力图达到的目标。

然后你将它们自由组合，无须有意识地尝试想出一个文案或者哪怕是可行的想法来。

继续下去，直到你思路枯竭为止。

然后看看你想到的内容有哪些，再进行创意构思。

如果我们正在为新妈妈们开发一种放松产品，也许构思过程会是这样的：

妈妈（mum）> 肚子（tum）> 流浪（bum）> 拇指（thumb）> 吸吮拇指 > 吸吮拇指是愚蠢的 > 用于笨蛋 > 婴儿的橡胶奶嘴 > 笨蛋的放松方式

放松 > 躺下 > 呼吸 > 瑜伽 > 平静 > 绿洲 > 棕榈树 > 海市蜃楼 > 假想 > 虚构的朋友 > 你最好的朋友

无论如何，你要尝试打开想象的闸门，因此请尽量避免感觉到自我意识。我觉得远离电脑屏幕是有帮助的。首先，一个匆忙潦草写就的想法看起来就要比一个在屏幕上由完美的 11 号 Helvetica 字体呈现的想法显得不那么"专业"，因此如果它最终没有成为好想法，也不那么尴尬。

💡 **灯泡时刻**：如果你正在寻找新的想法，不要一味地在旧地方寻找。天才的主意不是第一时间能想到的，也不在舌尖可以脱口而出。你要深入挖掘。

另一种方法：文字游戏

鉴于我们正在使用书面文字，玩文字游戏也是有效的方法。

拿出你的关键字，并写出以下内容：

- 一系列押韵的词；
- 一系列同义词；
- 一系列反义词；
- 一系列押头韵的词。

按字长顺序排列每个列表。

大声说出来，听听节奏的感觉。

另一种方法：共鸣

为什么不尝试写下尽可能多的包含你的关键字或与你的关键字相关的文

化参考资料呢?

这被称为共鸣。共鸣的意思是,我们正在借用一个人们已熟知的想法来为我们自己的想法增加分量。比如说,如果你正在写一部未来派惊悚片,男主人公试图拯救人类不被机器人杀手灭绝,而你需要为英雄取个名字。你可以称他为约翰·德雷克(John Drake)。这听起来很酷,有男子气概,真挚朴实,但是零共鸣。

或者,你可以称他为约翰·康纳(John Connor)。这听起来也很酷,有男子气概,真挚朴实。哦,还和基督教的创始人(Jesus Christ)有着同样的首字母。这就形成了共鸣。[感谢斯蒂芬·金提醒我注意到这一点。建议购买他的著作《关于写作》(On Writing),它会帮你成为更好的作家。]

另一种方法:语言精确度

从某种角度来说,本章是对形容词和副词的激烈抨击。你知道的,形容词是起到描述作用的词。无论如何,这就是我们的老师把它们推销给我们的方式。实际上,只要你正确地使用它们,这个说法就是正确的。它们确实描述了事物——你不只是想让人们拯救西伯利亚虎,你希望他们拯救濒危的西伯利亚虎。但要小心那些听起来很有意义却又没有任何实质意义的空词。准备好了吗?拯救壮丽的西伯利亚虎。为什么这么说呢?西伯利亚虎有什么特别壮丽的地方吗?或者,你会说,它正在遭受残酷的捕猎。哦,亲爱的,你的意思是它正在遭受的猎杀并非善意的?或者,你的意思是,手持卡拉什尼科夫冲锋枪的偷猎者设下陷阱捕杀母虎和幼崽,之后用链锯割下它们的头?在最后一句中,恰恰没有使用任何形容词或副词,但我觉得它仍然起到了描述作用。

我们应该追求的是这样的一种写作方式,不遗余力地寻找最为精确的名词和动词出来:a)确切传达我们要表达的意思;b)在读者心中唤起我们想要唤起的情绪反应。如果我们需要形容词和副词，那好吧，让我们继续使用它们。但是，让我们记住形容词和副词是用来添加信息的（例如：濒危的），而不仅是强调（例如：壮丽的）。

像记者那样写作

再举一个例子。在一次客户会议后，我开车回办公室，路上收听到一档新闻节目。该节目正在采访一位亲历伊拉克监狱的记者。她讲述了她看到的景象：

> 我面前还有另一个尸体。一个男人。他死了。他跪在地上，头歪斜在身侧，双手被铁丝绑在背后。头部后面有一个拳头大小的洞。有很多血。气味不好，而且无处不在。这些是暗杀，谋杀。

我几乎不得不在路边停下车来，因为她的描述是如此激烈。她的声音本身没有情绪，甚至可以说是冷静的。她的话语表明了注入情感是不必要的。那些用词本身没有情绪。有的只是细节。

本章就是关于如何找到你的这种能力的：如何展现你所看到的，而不是你所知道的；如何使用文字向一个完全陌生的人传达产品给你带来的印象；如何使用简单的语言唤起丰富的情绪。

找到来之不易的短语

诗人与战争记者有什么共同之处？画家与自然主义者有什么共同之处？侦探与医生有什么共同之处？他们都是善于观察的专家。他们善于捕捉细节。他们记录他们所看到（以及听到、闻到、尝到和触摸到）的一切。

他们不会使用现成的短语或通用语言来描述事物；他们煞费苦心地描述面前的情景。真实源自这样的精确度与对细节的关注度。他们所描述的真实可能是令人心碎的，令人振奋的，令人震惊的，令人兴奋的，令人愤怒的，令人信服的，惊人的，挑衅的，令人沮丧的，令人欢乐的或鼓舞人心的。

作为作家，作为有说服力的作家，我们必须学会这样做。我们必须学会花时间了解我们正在写什么，我们真正在写的到底是什么。

我曾经为一家大型慈善机构举办过写作工作坊。在他们的宣传页里，我读到了这样的一句话："苍鹭准确无误的飞行。"

反例：苍鹭准确无误的飞行

佳作：在阿根廷大草原的牧场上与牧场主一起骑马……在巴西潘塔纳尔湿地进行夜间狩猎，可能会与身长（鼻子到尾巴）2.5 米的美洲虎面对面。（来自某个作者撰写的网页）

和我一起做个实验吧。身子向后靠，闭上眼睛，想象你以前从未见过苍鹭。（这很可能是真的，在这种情况下，你会在这个实验中表现优异。）使用形容词"准确无误的"来帮助你想象飞行中的苍鹭。它对你有帮助吗？

现在打开你最喜欢的搜索引擎并搜索"苍鹭飞行"，观看一些视频，然后为不知道苍鹭为何物的读者描述苍鹭的飞行是怎样的，力求精准传达你所看到的独特图像。在一个你相当确定从未见过苍鹭飞行的人身上做测试，并询问他经由你的描述看到了什么。

当我与之前提到的那个慈善机构的通信管理人员一起进行这个小练习时，他们说这很难。我说，这当然很难。这就是意义所在。因为要仅仅通过邮件就说服陌生人承诺定期每月捐款以拯救他们从未见过的生物，这也很难。

最后，他们的确想出了一些很好的描述语句。当他们开始深入了解苍鹭的翅膀、脚、脖子和身体姿势等真实细节时，聆听他们的描述变得令人愉快了。

展示出来，而不是说出来

但是等一等。所有这些描述不是都与那些告诉你"去销售，而非去描述"的文案书相矛盾吗？还有，它是不是与"专注于产品带给用户的利益，而不是产品功能"这个说法相反？准确地描述产品能够将怀疑者转化为客户吗？答案是不能。让我们先来审视一下"去销售，而非去描述"这句话吧。在创意写作课上，这句话变身为"展示出来，而不是说出来"。俄国戏剧和短篇小说作家安东·契诃夫（Anton Chekhov）曾说："不要告诉我这是夜晚，让我看到月亮反射在一块玻璃上。"

灯泡时刻：当你花更多的时间来思考你的产品，就只需花更少的时间来描述它。

假设你正在试图说服某人从你那里购买产品。

你的产品为他们节省了金钱。它能节省金钱，是因为它内部有一个小部件，比竞争对手使用更少的电力。

有这个小部件是产品的功能。使用更少的电力是它的优势。节省金钱是产品给用户带来的好处。到目前为止，还只是陈词滥调。

你可以这样写：

> 感谢革命性的节电小部件，X 产品为你省了不少钱。

这时你只是在讲述。

你可以这样写：

> 想象一下，当你改用 X 产品时，你可以用节省下来的钱去做什么。

这时你开始营销了。

你还可以这样写：

> 想象一下，开启 X 产品，你可以看到电表上的计数器正在减速。我刚才尝试了一下，我简直无法相信我的眼睛。我的智能电表告诉我，在开启 X 产品后的几秒钟之内我就在省钱了。而那是一周前的事了。现在，我的智能电表显示我已经节省了 4.76 英镑。我算了下，这意味着每年将节省 247.52 英镑。你也可以节省这么多钱。

这时，你终于开始展示了。

要展示某个产品，你首先需要观察这个产品。你需要熟悉它，像客户一样使用它。仔细地审视和把玩它，直到你没有任何不明白的方面为止。

我最近为商业书籍撰写了大量的销售文案，尤其是重量级统计汇编、事实书和目录。每当我和推销这些书籍的营销主管谈话时，他们总是会说同样的话："显然你没有必要阅读它——这只是一大堆统计数据罢了—— 所以我只给你发去年的宣传册就可以了。"

然后，我必须恳求他们给我这本书。在我收到之后，我会花一天左右的时间去阅读它，了解它所包含的信息类型，并试图弄清楚客户将如何使用它（如果没有研究可以告诉我的话）。然后我可以为它写文案了，从客户的角度。

我能理解，对于为商业图书出版商工作的市场营销主管而言，一本充满全球汽车行业统计数据的书可能不会让他们激动。但这本书的目标读者不是他们。它的目标读者是那些对这些东西感兴趣的在银行、咨询公司和元件制造商工作的分析师们。

试试这个：真正了解你销售的产品。使用它，观察它，把玩它。不要将其他作者的文案作为你唯一的指导。

图表不是"一目了然的"，它们是"彩色条形图、饼图和散点图"。

制造商提供的资料并不"深入"，它们包含"28 个独立的绩效指标，包括每位员工的生产力、已占用资本回报率（ROCE）、产品召回率和所有董事会成员的内部度量"。

几年前，宝马有一个广告宣传活动做得相当不错。广告公司派其创意团队前往德国参观宝马工厂，并花时间与设计师和工程师共事。

该过程稍后被该机构描述为"对产品的审讯"。在这些涉及宝马制造过程的深入讨论之后，创意团队构思了一个令人难忘的广告宣传活动，该活动聚焦于单个零件，例如锻造成一体的活塞，然后捣碎并黏合在曲轴周围，以确保在分子水平上严丝合缝。这是否听起来像是在描述产品的功能，而不是产品带给用户的好处？

你是对的。它是在描述产品的功能。但是，该文案传达了产品带给用户的深层情感利益，那就是，"你手握这辆终极座驾的方向盘：我们从不妥协，你也如此"。对于那些关心车辆性能和操控感的人来说，这是非常强大的情感触动。

从理论到利润

当我举办写作研讨会时，总是会在某个时刻有某个参与者举手示意并提出这个问题（或类似的问题）："你最绝妙的构思从何而来？"而我总是会给他们这个答案（或类似的答案）："我去一个安静的地方进行思考。"但在我看来，在市场营销部门，思维活动的价值越来越被人低估。哦，当然，我知道市场营销人员应该是"不断地"思考的。但他们从来没有获得过足够的资源来这么做。我所遇到的大部分市场营销人员都在大型的、无特色的开放式办公室里工作，他们会听到旁边 50 张办公桌的销售团队的同事正在打电话，或者是 100 万次击打键盘的声音。所以我想问你一个问题。回想一下我最初提出的问题："你上一次想到一个非常好的主意是在什么时候，在哪里？"回想一下你的回答。你要如何将这样的时间和环境融入你的工作之中？

你对你销售的产品了解多少？你拥有或使用你销售的产品吗？你有没有体验过相应服务？或者你只是依靠营销手册和网页来获取你需要的信息？使产品富有生命的重要第一步，是将产品带入你的生活中。举个例子：我一直订阅《经济学人》并乐在其中，当我被聘用来为《经济学人》的订阅活动撰写文案时，我感到自己对杂志内容有着深刻的理解。出版商在帮助我了解读者（而不是产品本身）的方面给了我很大的帮助。

传奇般的20世纪广告人、文案写作者大卫·奥格威（David Ogilvy）宣称，使用客户的产品是很平常的礼节。我的创意总监乔·凯里（Jo Kelly）讲述了一位前同事在与烟草客户会面时吸了"错误的"品牌香烟的故事。市场营销总监倚着桌子向他提供了一支自己的香烟，并笑着说："试试这个吧，我想你会发现它有面包和黄油的味道。"所以，使用客户的产品是一种礼节，而且它也是真正了解产品的最佳方式。

测试你的知识 ✔

1. 你可以用什么测试来为创造性思维做准备？

2. 写出一种你可以用来构思新创意的技术。

3. 在你把想法写下来之前，有一件事是你永远都不应该做的，这件事是什么？

   a）判断它

   b）涂抹它

   c）忽悠它

4. 为了激发新的想法，你可以改变什么？

5. 为什么使用铅笔和纸张是获得创意的有效方式？

6. 完成视觉文案撰写的简单方法：

_____，而不是说出来。

7. 形容词是用来 _____ 的，而不是 _____

的。

8. 安东·契诃夫曾说："不要告诉我这是夜晚，让我看到月亮反射在

_____ 上。"

a）一个水坑

b）一面镜子

c）一块玻璃

9. 你需要情绪化才能表达情绪。对或错？

10. 商对客（B2C）行业的文案写作者是唯一可以从尝试使用自己的产品

中受益的人。对或错？

练习

练习 51：创意卖点

为你的产品撰写一个绝妙的、出人意料的卖点。使用本章中提到的所有想法、测试、问题和提示。

练习 52：让自己进入一个不同的状态

你在撰写下一份文案时，请尽力改变你的状态。改变你构思的场所，或者使用不同的材料，又或者与不同的人坐在一起。

练习 53：这看起来很有趣

创建一个文件，将你感到有创意的、原创的、令你感到意外或令人兴奋

的东西都保存在里面。它们可以是图像、文字、标志、图形、字体、小玩意儿……任何东西。（所以它可能会是一个很大的文件。）不时在里面翻拣，取用对你有用的东西。不要试图有意识地强化吸收它们，只是让自己沉浸在它们的与众不同之中。然后开始写。

练习 54：20∶80 的描述法

在你阅读本书的场所，也许是办公室，也许是家里，寻找任意一个物体。

把它放在你的面前。现在，花两分钟的时间观察它。然后，把它放在你身后，并花八分钟的时间描述它。

练习 55：80∶20 的描述法

再次将该物品放在你的面前。这一次，花八分钟的时间观察它。然后，把它放在你身后，花两分钟的时间为它写第二段描述。

练习 56：观察的力量

比较这两个版本的描述。（你把它们都保存下来了吧？）它们之间有什么不同？你更喜欢哪一个？拿给你的朋友或同事看。询问他们的看法。

如果你做得对，第二次的描述应该比第一次的描述要更好，即使你当时只有四分之一的时间打字。它应该会更生动，更具吸引力，更贴近真实。

在两分钟内，我们可以辨别出物品的形状，也许还有它的颜色和几个主要特征。而用八分钟的时间，我们可以放松地观察物品的质地，光影的微妙，白色里的浅灰色，表面的不平整。所有这些细节都让物品变得更真实而有生机，并帮助读者看到你所看到的。

这是诉诸情感的写作的开始。这种方法的用途并不只是描述物品。你还可以用它来描述相对无形的东西，比如动作、颜色或声音。

第十章　发现你的声音（和其他人的）

我们常常拒绝接受一个想法，仅仅是因为不喜欢它的表达方式。

——弗里德里希·尼采（Friedrich Nietzsche）

简介

当我刚刚成为一名文案写作者时，我记得在一次会议上有位朋友向我走来并对我说："安迪，我前几天收到一封邮件，一读就知道是你写的。我认出了你的风格。"当时我很高兴。后来回想起这件事时，我意识到自己本来应该感到惊恐。因为我犯下了一种最主要的文案罪——文字风格比产品本身更加明显。从发现这点开始，我一直努力不在文案中留下我的风格痕迹。打那之后，就不再有人告诉过我他们从网站或电子邮件中认出了我的风格。也许这是一个表明我成功了的迹象。

作为一名自由写作者或机构写作者，你可能会在某天为专业的保险赔偿撰写文案，第二天为自行装载步枪撰写文案，第三天的文案撰写内容是滑板装备，而在回家度周末之前，你得完成婚礼策划服务的文案。作为一名公司内部写作者，你可能十分幸运地在一家品牌形象与你的个人形象完全一致的公司工作。但这个可能性很低。在这两种情况下，你的风格——你的声音——应与客户或广告宣传活动的有所不同。但是，有一个领域，是你可以在其中以自己想要的方式自由写作的。

在做内容营销时，你有机会不仅通过内容也通过风格来吸引读者。自2000年10月以来，我一直在发行一份关于文案的月刊。

从一开始，我就决定按照我想要的方式来写这份月刊，而不去过多地担心他人的想法。我想，如果他们喜欢它，就会成为优秀的客户；而如果他们不喜欢，那么可能会让我们节约彼此的时间，立刻发现我们不合适。我还发布博客、推特以及包括书籍和明信片在内的独立内容。在这些情况下，它们都是我的。除我之外，没有人有最终的发言权。

要了解更多如何利用你的独特风格来吸引客户对你和你的品牌产生并保持兴趣的内容，可以参考内容营销机构速度伙伴（Velocity Partners）的联合创始人道格·凯斯勒（Doug Kessler）的著作。关于如何撰写内容，道格曾这样说道："说的方式与你所说的内容一样重要。拥有一个独特风格的声音将帮助你的信息从那些相似重复的内容中脱颖而出。"道格非常擅长以独特的风格阐述他的想法，你可以在网上找到他的演讲。

所以，让我们来看看你要如何发展出属于自己的独特声音。

*

在创意写作的世界里，刚刚起步的作家渴望找到自己的"声音"。这是什么意思？简而言之，就是找到这样一种写作风格：a）他们感到舒适；b）反映他们对世界的看法；c）表达他们对语言的想法；d）使他们的读者容易识别出他们。先阅读海明威，再阅读奥斯汀，你将读到两种截然不同的声音。

作为商业作家，我们是否也需要找到我们的声音？嗯，这视情况而定。

我们的声誉不太可能取决于我们的写作风格。只要写作风格是清晰、简洁和有说服力的，我们的生意就能兴隆。我们的读者不太可能购买我们写的东西，因此我们的声音同样不太可能增加交易的价值。

如果我们正在撰写演讲稿，那么显然不应该以我们的声音（风格）写成。如果我们正在撰写营销或广告文案，那么我们将以品牌或其发言人的声音（风格）来撰写。多年来，我曾以电视节目主持人、杂志编辑、公司主管、高级医生、护理学教授、工程师和其他身份的声音（风格）来撰写文字。

但是。[哦，太好了，还有一个"但是"。这意味着我们最终确实需要自己的声音（个人风格）。]

如果是博客、电子书、白皮书、社交媒体、文章、个人电子邮件和信件呢？我想在撰写这些文字时，的确有余地可以发展你作为一名作家的独特声音（风格）。我们能否把它叫作"我的写作风格"呢？嗯，现在我们可以开始去弄清楚如何发展作为作家的独特风格了。

灯泡时刻：要发展一种强大而可识别的声音，最好的方法就是去写，不停地写，以你想要的方式写出你想要表达的东西。

影响你风格的 20 个因素

以下是一个关于写作质量的非详尽列表，它们是：a）你可以控制的（呃，它们都是你可以控制的，不是吗？）；b）能影响你风格的。

1. 句子的长度。句子的平均长度越长，听起来就越复杂、正式和有学识。句子的平均长度越短，听起来就越如聊天、日常。

2. 外来词汇。我在这里谈论的是一眼看去就可以被识别的外来词汇，比如"je ne sais quoi"或"mi casa es su casa"，而不是所谓的借用词或外来语，如孟加拉式平房（bungalow）或游廊（verandah）。这些外来词汇对你的风格有着不同的影响。更长的单词，如"Weltanschauung"（德语，意思是世界观），让你的风格更学术化、更正式。而较短的单词，如"mamma mia!"（妈妈咪呀！），则让你的风格变得有趣。

3. 长词（三个或更多音节的词）。如上所述，较长的单词会让你的风格显得更正式，这意味着更高的社会阶层和教育程度。

4. 准宗教语言。即使读者不是虔诚的信徒，他们仍然通常会被宗教文字的节奏和词汇打动。例如，在犹太教和基督教的传统中，重创（smite）是一个强有力的词语。当你在向销售部门发表关于你打算如何消除竞争对手的演讲时，就很适合用上这个词。

5. 疑问尾句。例如，每个作家都需要找到一种声音，是不是呢？这句疑问尾句的非正式风格，就非常适合与看不见的读者建立融洽的关系。

6. 人称代词。不使用人称代词，就会让你的文字听起来有些干涩，偏学术化或企业口吻。（这可能正是你努力创造出的效果）

7. 老式用语。这会让你显得淘气或者有知识，又或者只是老派。当你在同一段落或句子中混用高科技和低科技用语时，通常效果最好。"对于像我这样的老前辈来说，这种基于云的存储设备实在复杂得要命（darned）。"

8. 俚语。一般俚语、帮派俚语或活动俚语，例如玩滑板的人对彼此说的话，是可以采用的，但是千万别犯"时髦牧师综合征"（别太刻意）。没有人会相信你和孩子们打成一片，除非你是他们中的一员。

9. 行业术语。有点像俚语，它会给你的写作赋予一定的特色，也可以帮助你与有兴趣的人建立融洽的关系并树立信誉。但是在为非专业读者写信时，要小心地使用行话。行话在他们听来是冷淡和无聊的。

10. 标点符号。例如从句、复杂列表等。如果你唯一的担忧是读者是否能够理解，那么简单的标点符号是最好的。但简单的标点符号还会使你的文章读起来有点像为小孩而写的说明书。假如能正确使用标点符号，它们不但可以使意思清晰，还能让你可以使用复杂的从句，而这会改变文章的节奏。

11. 为读者写插入语（比如在括号中）。这表明作者和读者之间存在一定程度的默契——分享一个笑话或情感上的联系。也好像你正前倾身子，在读者的耳畔轻声低语。

12. 正式和非正式语言的切换。例如：参议员威尔逊有"非常男子气的人格面貌"（我是在《经济学人》杂志中读到这句话的，因此这肯定是优秀写作方式的典范）。这种效果对于读者来说是令人兴奋的，因为每当正式和非正式语言切换时，他们必须重新校准他们的感知。这有利于让读者保持专注。

13. 引用。例如英国乐队 Uriah Heep 的那句"永远保持谦逊"。如果读者知道你的引用来源，你和读者之间的情感联系就加强了。但这也可能让你听起来有点做作和卖弄，好像想让人关注你的学识（你可能正是这样想的）。

14. 机智 / 幽默。例如：你可以尝试寻找更合算的买卖。拿着，我们为你的旅程准备了一些三明治。这种"可爱的"写作方式深受广告公司写作者和其他品牌宣传活动写作者的喜爱。假如做得好，你的读者就会微笑并敞开胸怀。但假如搞砸了，就会令读者厌恶。

案例研究 Quad 应用程序宣传视频

"很久很久以前，在一个不太遥远的校园里……"这是一个关于整理的应用程序，它是这样开始的。它参考了长久以来讲述故事的方式及星球大战，讲述了关于校园里一个治理得很糟糕的僵尸国家的故事。

它用数万次的下载表明，也许尽管我们对克劳德·霍普金斯（Claude Hopkins）和他的那句"花钱是严肃的事，人们不会从小丑那里购买产品"怀有最深的尊重，但幽默确实是文案撰写的一种方式。

该应用程序的文案撰写者是芝加哥的娜塔莉·缪勒（Natalie Mueller）。

> 我们将客户对与僵尸有关的故事的印象转向了一个完全出人意料的方向，讲述了一个新颖而引人入胜的故事，有着曲折的情节、微妙的幽默和优质的押韵。
>
> ——芝加哥自由写作者兼创意总监
> 娜塔莉·C. 缪勒（Natalie C. Mueller）

但是，新手们，要小心噢！这位女士既是喜剧演员又是广告写作者，所以她懂得如何搞笑。

15. 故意使用糟糕的语法。例如："最后，它不会起作用。结束。"（In the end, it ain't going to work. End of.）有两类人会使用糟糕的语法：一类是语法糟糕的人，他们随机地这么做；另一种则是那些受过良好教育的人，他们这么做来达到某种文体效果。如果你打算加入后者的队列，请确保你的读者能清楚地了解你的意图。因为另一种可能性是，读者会假设你是第一类人。

16. 孩子般的措辞。例如，我看了新的可行性研究。你猜怎样？我，不喜欢（Me not like）。这种古怪的写法肯定会引起读者的关注。在我刚刚给出的例子里，它与一看就不属于孩子用词的"可行性"这个词同时出现。我认为，这是关键。不然所谓的童真就只是幼稚的。

17. 节制而非大胆。例如：你可能对免费试用感兴趣？请告诉我，我将为你提供用户名和密码。这是一种很好的发送消息的方式，你显得超级自信，但又不会让人觉得傲慢。其隐含意味是，如果对方按照你说的去做了，你会感到很高兴，但这实际上并不重要，因为无论如何你都接受。

18. 大胆而非节制。例如：我不认为你会来参加我的课程。我知道你一定会。为什么呢？因为你清楚地知道在纳米技术的范畴，你就如逆水行舟般不进则退。

19. 态度。例如：你可以去参观另一个艺术画廊。我的意思是，这座城市里有很多可供选择的。但是，嘿，也有很多空地，我不认为你会去参观很多空地。所以除非你不愿意与荣获今年威尼斯双年展的艺术家们见面，否则我想我会在下周四晚上 7 点准时为你送上一杯香槟。

20. 超现实。例如：昨晚，当我正在起草这封电子邮件时，我的金鱼在鱼缸里对我开口说话。这事经常发生，所以我并不感到惊讶。（假如天使鱼开口说话，我才会觉得很奇怪。他很害羞，他从不说话。）

我认为你应当驾驭这些工具，但很多人只是完全随机地使用它们。你写下的一切都必须是有目的的。你完全可以写一个 55 字长的句子，使用尽可能多的"Weltanschauung"（德语，意思是世界观）和"quid pro quo"（拉丁语，意思是交换条件），但前提是你是在有意识地这样做。

💡 **灯泡时刻**：请在你希望被识别为作者的项目中——也就是你的名字会出现在文章底部时——发展和使用你的个人风格。

如何修改你的语调

如果说本章的前一部分是关于寻找你的风格，那么这一章就是关于改变它的。我承认，这听起来并不简单，所以让我试着帮你梳理一下写作的各个方面。当读者对你的风格做出反应时，他们是用情绪——也可能不用情绪——对你的写作做出反应。而当读者对你的语调做出反应时，他们则是完全用情绪对你传达的信息做出反应。这意味着，语调是销售沟通中的一个更有用的工具。因为在销售沟通之中，我们希望读者能够感觉到采纳我们的建议是个好主意。这两者的区别相当微妙，但我希望在你阅读本章的过程中，它会变得更加清晰。

揭穿 7% 的规律

作为写作者，我们必须面对的最大挑战之一是缺乏与客户的面对面接触。我们选择的沟通媒介使得非语言的声音提示和身体语言等决定因素都变得不可见了。

但是，在我们将铅笔和电脑扔出窗外并重新开始会计师培训之前，让我们先暂停片刻。很多沟通"顾问"都会积极向你推销一种观点：我们的想法中只有 7% 是通过我们选择的文字传达的。但是，我的朋友，这是胡说八道。该统计数据的创始人是艾伯特·梅拉比安（Albert Mehrabian），现任加州大学洛杉矶分校心理学名誉教授，其最初的研究调查了人们对沟通对象的喜爱程度。

人们将梅拉比安教授的研究成果称为"梅拉比安沟通模型"，而梅拉比安教授是这样解释的：

总的喜欢程度 = 7% 言辞 + 38% 语调 + 55% 面部表情。请注意，这个以及其他关于语言和非语言信息相对重要性的等式来自感情和态度（即喜欢或不喜欢）的沟通实验。除非沟通者是在谈论他们的感受或态度，否则这类等式并不适用。

　　这意味着你可以非常有效地以书面形式传达信息（事实上，鉴于你的情绪不太可能使文字蒙上阴影，这可能比面对面交流更有效）。但是，当你试图使用文字在情感层面上进行交流时，显然存在问题。那么，我们如何在读者和我们之间只有一个屏幕或一张纸的情况下，来实现非语言交流呢？

案例研究　关爱退休金（CareSuper）的直邮包

　　关爱退休金（CareSuper）是澳大利亚最大的行业基金，专门为专业人士和管理、行政、服务行业人士提供退休金服务。

　　此次广告活动的目的，是鼓励那些曾经是会员但现在其会员资格已经失效的人再次选择关爱退休金（CareSuper）作为他们的首选基金，以增加基金中活跃会员的数量。

　　考虑到收件人反应一般都比较冷淡，因此很重要的一点是这些邮件需要与通常发给退休金基金会员的信函有所区别。

　　　　我们撰写这些邮件时，力求做到具有同理心和巧妙的幽默感。这封邮件使用了简洁和极为随意的语调（包括口语的使用），明显不同于大多数退休金基金和其他金融机构冗长的正式信函。

　　　　　　　　　　　　——澳大利亚 WellmarkPty Ltd 的文案负责人

　　　　　　　　　　　　瑞安·沃曼（Ryan Wallman）博士

信封外这条条引起读者好奇心的消息，起到了与电子邮件主题行完全相同的作用。

忽视我可不代表我不存在

内页解释了这"五种方法"，
文字和图片合作得很完美，保持了诙谐的语调

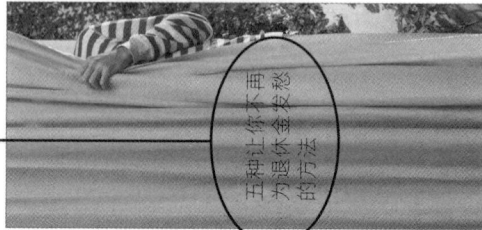

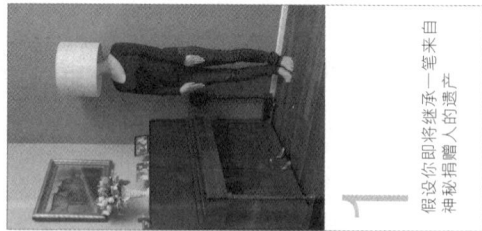

1 假设你即将继承一笔来自神秘捐赠人的遗产

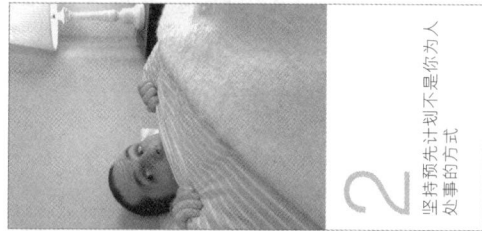

2 坚持预先计划不是你为人处事的方式

3 认为将钱放在其他地方更好

4 认为你不需要为退休金发愁，因为一下死去要比渐渐老去好得多

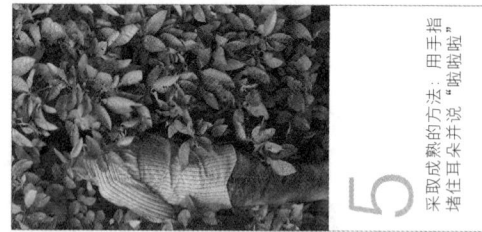

5 采取成熟的方法：用手指堵住耳朵并说"啦啦啦"

这是一个模板般的经典标题，利用了读者处理退休金时的情绪反应。

五种让你不再为退休金发愁的方法

此次活动在失效会员间引起了前所未有的回应，并赢得了澳大利亚退休基金协会（ASFA）颁发的"会员传播卓越奖"。

商业写作的风格

大多数时候，我们倾向于使用通用商业风格。我们会根据写作对象的不同，来使用相应的窄范围的语调。这些语调通常如下所示：

- 营销文案：兴奋的，诙谐的，友好的；
- 商业文件：崇高的，自命不凡的，酷炫的；
- 内部沟通：冷淡的，独裁的，专横的；
- 社交媒体：时髦的，轻浮的，非正式的。

这并不是说没有例外存在，但它们不需要改变。

关于语调的主要注意事项是，在开始写作之前，你就必须决定采用什么基调了。不要让它偶然发展，不要依赖既定的写作模式，不要——绝对不要——让情绪决定你的语调。

反例：引人注目的公司午餐提供了一下午的精彩娱乐、美食和欢声笑语，同时也为慈善事业筹集了重要的资金。

佳作：无论你这周过得如何，翻阅这份杂志都能让你振作精神，点亮你的一天。——摘自作者为《读者文摘》（*Reader's Digest*）撰写的销售信函

现在，你可能会觉得我说的最后那个警告（不要让情绪决定你的语调）似乎与本书讲述的整个前提（情绪）格格不入，但是请听我解释。

我不想暗示说你假装了你原本不曾感受到的情绪，但你必须记住，所有的商业写作基本上都是在尝试做同样的事情：改变读者的行为。所以，是

的，你想引起读者的情绪，但你不一定要展示自己的情绪。换句话说，要去激发（他人的情绪），而不要表达（自己的情绪）。

一种典型的情况是，当我们收到来自客户或同事的让我们恼怒的电子邮件时，情绪就开始形成了。如果我们不停下深呼吸，就会用一种完全反映我们内心混乱情绪的语调发回一封毫不节制的电子邮件。但事实是，如果你向他们发送了一封愤怒的、讽刺的或粗鲁的电子邮件，而不是礼貌的、感到受伤的或满怀歉意的电子邮件，他们是更有可能接收到你的观点还是更不可能呢？

所以，我们又回到了之前所说的"预先计划你的语调"了。

计划你的语调

▶ **试试这个**：语调不应该是偶然的产物。提前确定你想要使用的语调，并将其写在你的文案计划中。

在写任何东西之前，你都需要有一个计划。最简单的计划是写出你希望接下来发生的事。假设一位主要客户通过电子邮件向你发送了一长串关于你工作的轻微批评。他显然很生气，并没有试图隐藏他的情绪。

首先，你现在感觉如何？快乐？被尊重？满足？不，我不这么认为。

所以，深吸一口气，并写下你的计划。像这样开始：

我希望接下来发生的事情是：_____

然后写下你希望客户在阅读你的电子邮件后所采取的行动。

现在你已经准备好开始写初稿了。你的内心很平静（我希望如此）并且你有了一个计划，所以将要在纸上或屏幕上显现出来的情绪，只会是那些你想让客户看见的情绪。

🦎 **蜥蜴**：记住，语调是由读者而不是由作者来判断的。

五种简单的工具，可以让你拥有完美的语调

但是，你要如何创造或改变你的语调呢？你要如何让自己听起来是友好的、专业的或是热情的？以下是一些可能对你有所帮助的想法：

1. 体验这种情绪。如果你想让语调听起来很兴奋，那就去做一些剧烈运动吧。让你的心脏突突直跳，并在你运动的时候微笑（这会让你的大脑释放内啡肽——"快乐荷尔蒙"）。如果你想让自己听起来是忧心忡忡的，那就想想让你焦虑的事情。

2. 穿上合适的衣服。你想让语调听起来专业而有权威感吗？如果你西装笔挺，而不是穿着牛仔裤或慢跑服在办公室里乱窜，可能会更容易做到这一点。

3. 准备一个秘密宝典。每当你读到一段具有独特语调的文章（文案或其他形式的文字）时，请将它保存下来。看看你是否能发现作家用来创造语调的单词、短语或其他语言技巧。

4. 不要担心过火。自由地去写，只在写完后才考虑如何编辑文字。对于一般的写作来说，这都是非常好的建议；但是如果你正在努力构建一种特定的语调，它就会特别有用。

5. 如果想要实现积极友好的语调，就使用大量的个人化日常用语和简单的语法吧。使用"谢谢"和"请"就非常有帮助。如果想要更严肃的语调，就使用更复杂的句子结构，避免口语和过多太接地气的词汇。

从理论到利润

请记住，你作为写作者的声音是独立的。这里指的不是你说话时候的声音，而是人们可能认出并享受的写作风格。最重要的是清晰和连贯。随着沟通技巧——特别是书面沟通技巧——在组织和商业生活中起到越来越突出的作用，拥有独特的声音可以成为一种个人竞争优势。

你可以在三种情况下使用具有个人风格的声音：你独自署名的销售信息；你为自己的企业所撰写的任何由你署名的内容；你作为作者发表的任何内容，例如书籍、文章和演讲。当世界充斥着沉闷的商业风格的文字及试图模仿广告界新宠的跟风的文字时，创造具有个人风格的声音是从人群中脱颖而出的一种方式。读一下你公司的通信文案，或者，如果你是自由职业者，那就读一下你为客户写的那些文案。将它们分成两类，一类属于公司的文案，另一类属于你自己的文案。对于后者，为什么不做些实验并享受一些乐趣呢？可能发生的最坏情况是什么？谁知道呢，人们可能会因为你的写作方式而开始关注你。那样不是很好吗？

现在，考虑一下你希望给客户留下怎样的印象。在回答这个问题之前，你可能需要绘制出与他们进行的不同类型的互动。因为语调绝对不是一种千人一面的万能技巧。影响因素有：你与客户有着怎样的关系，你们的关系持续了多长时间（虽然这与关系深浅不是一回事），以及你正在撰写的内容的性质。即使面对的是同一个非常亲密的客户，邮件内容是他欠你的钱或他在年度抽奖中赢了奖，两者需要的也是不同的语调。这关乎情绪。你可能希望他们喜欢你，但你更希望他们能够感受到更多的东西。如果他们欠你钱，你可能会希望他们感到内疚；或者如果你建议他们买一个未经测试的产品，你可能会希望他们感到放心。所以，弄清楚你希望给客户留下怎样的印象，做好计划，并使用各种方法来实现你的目标。

测试你的知识 ✔

1. 列出写作风格的三个不同方面。

2. 商标风格是一种很好的写作方法，只要它们：

   a）可以被识别

   b）被适度使用

　　c）使人开怀大笑

3. 什么时候应该避免独特的个人风格？

4. 列举一种本章提及的能让你听起来显得受过良好教育的写作方法。

5. 列举一种本章提及的能让你听起来俏皮有趣的写作方法。

6. 判断一篇文章语调的最简单方法是什么？

7. 在任何类型的交流中，都只有7%的想法是通过我们选择的文字传达的。对或错？

8. 真实是一种语调。对或错？

9. 你能想到一种能让你的语调听起来友好的技巧吗？

10. 激发（他人的情绪）更好，还是表达（自己的情绪）更好？

练习

练习57：倾听我自己的声音

　　除非你是一位非常有经验和才华横溢的写作者，否则你会觉得写作比说话更困难。所以先别使用键盘，改用录音机。

　　打开录音机，说出你想表达的内容。继续往下说，放轻松，即便说错了也不要停下来。如果预先记下一些笔记提纲能帮助你不跑题，那就这么做。

　　现在，将录音文字化，并将文字读给自己听。首先读出声音来，然后在你的头脑中默读。

　　这就是你的声音。当你审视它时，你会发现真实的你的风格。

练习58：打开风格分析器

　　现在分析你的录音文本。参阅上面的质量列表，看看它们中有多少适用。你在做什么？你是在哪里做的？你为什么这样做？这样做对消息的传达有怎样的影响？对读者有怎样的影响？对读者的情绪有怎样的影响？

练习 59：了解你的声音（风格）

你说话的方式里是否有什么是你想要改变的？也许你经常使用某些单词，或者总是以同样的方式开始一句话。对你的文字进行编辑，然后再次阅读它。现在听起来怎么样？一旦你有了一篇自己喜欢的作品，把它钉在你能看到的地方。这就是你的声音（风格）。

练习 60：命名你的语调

写下尽可能多的可以用来描述语调的描述性词语。给自己五分钟的时间。我先为你写好了五个：

- 焦虑的；
- 挑逗的；
- 令人讨厌的；
- 妄自尊大的；
- 感伤的。

练习 61：为不同的人使用不同的方法

现在写下你的机构要处理哪些类型的书面客户交流。从你列出的语调列表中，为每种交流类型选择一种你认为会实现你想要对客户产生的影响的语调。该配对列表就是你的语调清单。你为客户写作的时候，都请参阅这个清单。

练习 62：改变语调而不改变内容

让我们试着用不同的语调来写相同的内容。我希望你使用练习 60 中的任何五个语调来起草一次用户行为召唤。以下是我使用了我的五个语调所写的例子：

　　焦虑的——你打算订购吗？哦，请一定回答说你打算这么做。因为一想到你又要度过没有我们的"奇迹小工具"（Wonder Widget）的一天，我简直都无法忍受啦。

　　挑逗的——所以，你为什么不在这里顺手写下你的信息呢？我可能会亲自来到你面前，送上我们的"奇迹小工具"哦。

　　令人讨厌的——显然，你尚未订购。这让我不禁怀疑：你是真的像我想象的那样聪明，还是只是一个错误地进入了这个邮件列表的白痴。到底是哪一种？

　　妄自尊大的——我确信"奇迹小工具"不仅代表物有所值，而且代表着极高的品质。毫无疑问，你同意我的意见，这就是为什么我期待收到你的订单。

　　感伤的——你还记得使用小部件进行快速而简单的购物吗？我知道我还记得。如果我们能够回到那种简单该多好。我们要开始这种潮流吗？为什么不立刻给我发送你的订单呢？邮寄给我吧。

第十一章　判断语法
何时在文案中是重要的

在写作中，就和在绘画与音乐中一样，有透视法，有光线与阴影的法则。如果你天生就知道这些，那很好。如果并非如此，那么请学习它们，然后重新安排这些规则以适合你自己。

——杜鲁门·卡波特（Truman Capote）

简介

你知道空谈家和吊坠有什么联系吗？它们吊在链子上时都看起来很好看。你瞧！这时语法警察就该警觉了。如果一家汽车公司告诉我们"勇敢的活"（Live Bold）而不是"勇敢地活"（Live Boldly），这有关系吗？如果一家软件公司建议我们"聪明的思考"（Think Clever）而不是"聪明地思考"（Think Cleverly），或者玩具制造商劝我们"快乐的玩"（Play Happy）而不是"快乐地玩"（Play Happily），要紧吗？我不认为要紧。我还有比这更重要的事要办呢。但是如果一家银行写信给客户，告诉他们："作为一个有价值的客户，我很高兴为你提供介绍性折扣，你现在可以在线申请。"这要不要紧呢？或者，一家公用事业公司在新闻稿中称："新管道的资金来源是英国政府，欧盟和投资者将在明年年初全面投入运营。"这又要不要紧？

我相信大多数人都很聪明，知道什么时候作者故意巧妙玩弄语言，为了达到某种效果而藐视语言规则，什么时候作者是个笨蛋，应该被捆起来鞭打……哦，抱歉，我扯远了。我本来在说什么？哦，是的。语法。

多年来，我逐渐对英语语法的"规则"不再感兴趣了。可能是因为，作为母语为英语的人，我从小就学习语法；可能是因为这些规则中真的很少有重要的；可能是因为还有其他更重要的事情。我曾经和客户争论过你是否可以将"他们（they）"用人称代词的单数，而不是"他/她（he/she）"。这一定记录了我卖弄聪明的新高度，因为我实际上将《牛津英语用法指南》中的一些页面传真给了他。对不起，卢。我应该告诉你，我也曾站在你的立场上与别人有过一些相当热烈的争论，认为重要的是语言的效果，而我的对手则试图用字典压倒我。

但语法确实有规则，就像监狱有规则一样。但是，语法规则是为了帮助你飞行而存在的，并不是为了把你拉到地面上。你需要知道语法规则，因为语法管理的是句子结构，语法也可以赋予句子意义或某种细微的意味。没有语法，一切都会变得混乱。

我们许多人在文案世界中遇到的问题不是坚持规则，而是处理不明智的偏见和普通的无知。那些知识分子声称我们违反的，大多数都不是真正的规则。它们诞生于 19 世纪的某种尝试之中——试图迫使粗糙的土味英语穿上假的古典服装，变得更像法语或意大利语这样的罗曼语。

那该怎么做呢？放弃规则，拥抱无政府状态？或者戴上夹鼻眼镜并加入奇幻动词不定式大队？请继续阅读。

*

语法是否重要？好吧，它可能是重要的。这一切都取决于你所认为的"语法"是什么。例如，如果你指的是那些管理单词和从句之间关系的规则，那么显然，是的，语法确实很重要。

💡 **灯泡时刻：** 唯一值得担心的语法错误是那些分散客户注意力的错误。

假如没有语法的话，任何人都可以自行决定句子的意思是什么；而意义——语法和语言本身的最终目的——将逐渐被愚昧无知所淹没。

另一方面，如果你的意思是一套不必要的"规则"，用来欺负那些不遵从规则的人（就是指你和我了，顺便说一句），那么，不，语法不重要。

关于语法重要性的两种观点

"语法是否重要"是什么意思呢？当你这么写时，语法是否重要——

> 我（me）和约翰去参加了会议。
>
> 约翰和我去了（goed）参加会议。
>
> 那是约翰和我去过的会议。

假如你这样写呢——

> 约翰去参加了会议，和我。

或者这样——

> 会议去参加了约翰和我。

是的，语法很重要。

英语不是拉丁语：单词顺序很重要。语法的一个简单作用就是调整词序。所以，是的，语法很重要。至少是自从20世纪60年代（顺便说一下，当时我的父亲刚好是一名教师）以来，反对语法教学的争论就在不断地上演。这一反对以蠢为荣，他们认为：教语法扼杀了儿童的创造力。

现在，如果你所说的创造力是指拥有想法的能力，那么我们就非常非常地深入到哲学领域，因为这涉及思想和语言彼此独立存在的能力。你可以看到，在绘画或创造音乐时，孩子不需要知道语法就可以具有创造性。他们也不需要语法来在理解和讲述故事时具有创造力。

不，语法不重要。

但是如果你希望孩子们把他们的想法写下来，并允许其他人在孩子不在场的情况下对故事进行解码，那么语法将是必不可少的。我认为，这是辩论的关键。创造力大队通过谈论想法，把水给搅浑了。而每当有一个蔬菜水果商滥用引号（仿佛这很重要一样）时，语法大队就会进一步把水搅得更浑。

语法在广告文案中是否重要

图 11.1　广告文案中的语法是否重要

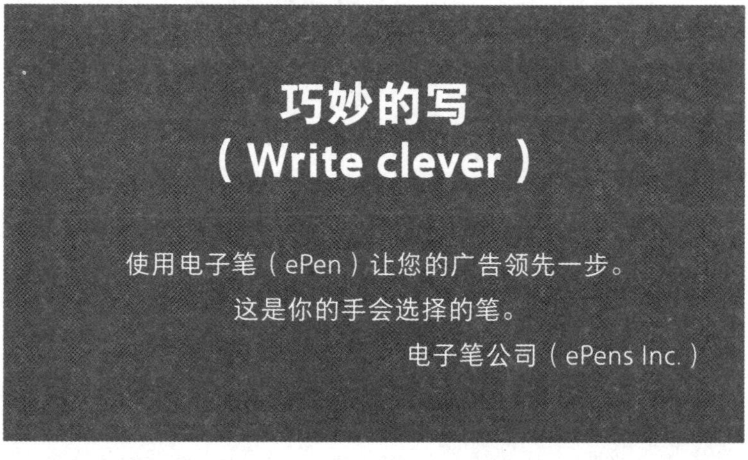

巧妙的写
（Write clever）

使用电子笔（ePen）让您的广告领先一步。
这是你的手会选择的笔。

电子笔公司（ePens Inc.）

文案写作者是这样的一类人，当他们发现一个包含"坏语法"的广告口号时，往往会变得超级紧张。尽管该广告口号（几乎可以肯定）是由另一位写作者创作的。

有一种特定的罪过是将形容词作为副词使用，就像上面这家（虚构的）电子笔公司的广告一样。发布这样的广告后，你可以确定社交媒体将在大约三纳秒之后就亮起了红灯。

"它应该写成'巧妙地写（Write cleverly）'。"语法书呆子惊叫道。也许吧，如果你的代理机构是由英语教师管理的话。我认为这种"错误"是一种对语法的刻意误用，旨在增加口号的黏性——正是因为它没有使用"正确"的语法，才更令人难忘。

或者让我们来看一个真实案例——美国营销机构 Inspire 的邮件。

在用户行为号召中，邮件故意拼写错误——将"遇见（meet）"写成"肉（meat）"很有趣，而且完全符合邮件的语境，百分之百不会扰乱或混淆目标读者的理解。

案例研究　Inspire 市场营销服务的烧烤主题邮件

Inspire 市场营销服务是一家服务于芝加哥地区的市场营销公司。

这些邮件旨在娱乐潜在客户并激发他们的兴趣。每张明信片都附有一份与烧烤相关的礼物送给收件人：可能是一瓶品牌烧烤酱、一本烧烤食谱书，最近则是一箱冷冻牛排。

即使是带有最巧妙标题的明信片，也经常被直接送入回收站。有些公司忘记了即使他们的目标客户是企业，他们的读者仍然是人。我们选择直接吸引守门人的注意，提供一系列的惊喜以及可以照亮客户的一天的句子，激起他们的兴趣。

有一点很重要，那就是礼物不能遮蔽邮件的重点——Inspire 是一家怎样的公司，以及他们能为客户做些什么。我们决定大胆使用"老爸的双关语"，不仅可以娱乐客户，而且可以清楚地传达产品，并将该产品与邮件附赠的礼品联系起来。

——芝加哥自由写作者和创意总监

娜塔莉·C. 缪勒（Natalie C. Mueller）

为什么语法就像脑部手术一样

让我们来做一个类比。

某天早上，你醒来时头疼、眼花，还有仿佛灵魂离开身体般的奇怪感觉。在到急救室就医后，你接受了脑部扫描，医生宣布你有小的良性脑肿瘤。你需要接受手术治疗。

当你被介绍给你的神经外科顾问 Hegarty 先生时，他安慰地拍了拍你的手臂，告诉你不要担心："我相信你会没事的。"

"我有些好奇，"你说，"你曾接受过多少脑部手术训练？"

"训练？"他笑着说，"哦，不，我没有接受过训练。学习所有这些规则只会扼杀我的创造力。我只需要深入并切除看起来不对劲的东西就好了。"

从砌砖到文案，每一种工作都是建立在一套管理做事方式的规则之上的。

脑外科医生要避免切到动脉，以防止你死于出血过多。一个瓦工以砖砖相叠的方式垒砌砖块（至少一个好的瓦工会这样做），以防止房子倒塌。

一位文案写作者（或任何一位作家）都会做到主谓一致，这样人们就能清楚他想说的是什么。

为什么语法很重要（真的）

问题是"良好的语法"是一种文化上过时的信仰——拥有良好的语法代表了你是聪明、优雅、受过教育、处于更优越的社会阶层的。

但是，许多（如果不是大多数）纠缠于语法细枝末节的人都属于后者。而且，有趣的是，许多（如果不是大多数）倡导无视语法规则的人都属于前者。

书呆子将偏见与规则混为一谈。他们动不动就拿出旧的语法偏好，从以"和（And）"开头的句子（我仍然经常被告知这是错的）到以介词结尾的句子。"撇号的失败"（顺便说一下，这属于标点符号的错误，而不是语法错误）被视为社会崩溃的预兆。名词被迫被当作动词使用被谴责为是与仇恨犯罪相提并论的罪过。假如你粗略地翻阅一下《福勒现代英语用法》（*Fowler's Modern Usage*），就会发现许多所谓的规则实际上是风格问题而不是语法问题。嬉皮士语言学家（哦，不要用规则束缚我）假装他们在写作中避免了一种无政府状态。那么，我们该何去何从呢？什么是正确的方法？是只要想法不管规则，还是不管想法，只管把摇摇欲坠的修饰语放平稳就好？

灯泡时刻：知道什么是"好"的语法要比盲目使用它更为重要。相信你对语言和客户的洞察力。

有趣的是，答案在两个小器官之中，它们在大脑两侧彼此相对。耳朵。它们对于粗俗的语法和浑浊不清的语义非常敏感，因此它们是带领我们穿越雷区的理想探测器。

用另一个 20 世纪 60 年代的口头禅来说就是：如果听起来不错，那就这么去做吧。

反例：作为一名老储户，我写信来让你了解我们的新存款账户。

佳作：你是我们喜欢的储户，所以我想让你了解我们的新存款账户。

你是诗人还是杀手？

本节标题的意思是，对你来说哪个更重要，销售还是好的文案？这也是对 20 世纪广告大师大卫·奥格威（David Ogilvy）的间接引用。我认为杜鲁门·卡波特（Truman Capote）肯定是属于"知道怎么写出出色文字"的那类人，并且本章最开始就引用了他对写作"规则"的想法，但有趣的是，他似乎暗示了规则就是用来被打破的。因此，让我们以测验的形式进行简单的分类。

这是一次轻松的尝试，探索你对英语的规则与文案的商业需要持有怎样的态度。但这次测试有着重要的用途：对你重要的是什么？

你可以成为一个优秀的、伟大的甚至是卓越的写作者，并且从来没有从挥舞着答条的经典大师那里获得任何不赞成的表情。毫无疑问，你必须比其他对文字规则持有更轻松态度的写作者更加努力工作。［我非常想用"无为/佛系"（laissez faire）来形容更轻松的态度，但这样会有点违背本书的气质，不是吗？］

诚实地说出你的答案。我没有天真到以为你无法看到"正确"的答案是什么。但是通过给出真正的答案和你真正的感受，你会对自己有更深入的了解，这将有助于你决定如何写文案。所以，开始测验吧。

问题 1   你更愿意发送以下哪一封信：

a）一封带有标点符号和拼写错误的销售信函，并为你带来 50 000 英镑的收入

b）一封标点使用完全正确的销售信函，并为你带来 45 000 英镑的收入

问题 2   你什么时候应该在文案中使用陈词滥调？

a）永远都不应该使用

b）偶尔使用

c）当它能加深与读者的关系时使用

问题 3   一句没有动词的句子是：

a）英语糟糕的表现

b）改变文章节奏的有用工具

c）完全没什么不对

问题 4   在怎样的条件下可以用介词结束一句句子：

a）知道你为什么这么做时

b）在使用被动语态时

c）当你不在乎你对英语造成了怎样的伤害时

灯泡时刻：如果你从事的是商业活动，那么适用于任何其他事的规则也适用于文案写作。如果它能赚钱并且不会伤害你的品牌，那就去做吧。

问题5　文案写作中最重要的是：

a）你的读者理解你写的内容

b）你写的内容是正确的

c）你的读者做了你想要他们去做的事情

问题6　以"和（And）"开头的句子是：

a）永远是错误的

b）始终是正确的

c）有时是可以的

问题7　如果出现以下情况，你就可以判断一篇文案是糟糕的：

a）它没有带来销售

b）它包含语法错误

c）它与品牌不相符

问题8　打破语法规则的文案写作者应该：

a）被尊敬

b）被鞭打

c）被询问为什么这么做

问题9　在什么条件下，你可以分开一个不定式：

a）在它后面使用名词

b）立即纠正它

c）有特殊原因这样做

问题10　如果你想成为一名优秀的文案，你需要：

a）学会拼写

b）学会销售

c）学会大喊大叫

评分

问题 1　a）5，b）2

问题 2　a）1，b）2，c）3

问题 3　a）1，b）3，c）2

问题 4　a）3，b）0，c）1

问题 5　a）2，b）1，c）3

问题 6　a）0，b）1，c）2

问题 7　a）3，b）1，c）2

问题 8　a）2，b）1，c）3

问题 9　a）0，b）1，c）2

问题 10　a）1，b）2，c）0

你的成绩如何？

10分或以下：你是一个铁杆学究。没有什么能从你的眼皮底下溜过，特别是增量销售。放轻松些，开始销售吧。或者写一本关于标点符号的畅销书，然后一边数钱一边嘲笑我好了。

11—17分：对你来说，英语很重要，但谋生也同样重要。你认识到你既需要遵守语法规则，也需要重视结果甚于重视完美的语法。

18—25分：你可以写出完全正确的英语，但你知道写文案的目的是赚钱。只要不会引发战斗，你愿意违反一些语法规则。

26分及以上：你是文案界中误伤、附带损害和杀戮的代名词。只要你能击中自己的目标，就不在乎谁会受到伤害。

文案是一种不稳定的销售方式，面对面会好得多。因此，使用你能使用的所有武器对于获得最佳销售效果至关重要。

　　这可能偶尔就意味着你要违反英语的一些规则。在这么做之前，请先考虑你的品牌、读者和你自己的良心。但也不要太胆小了。你的竞争对手可不胆小。

从理论到利润

　　我想你必须知道你是什么类型的文案撰写者。你对英语规则持怎样的态度，是不以为然，还是怀有尊重之心？或者，实际上你是以怎样的方式尊重英语规则的？是不是就像在艺术画廊里你会向大师的画作致敬，但在自家客厅则会选择挂上一幅流行艺术的画作？这两种立场都没有对错，尽管每一种立场都限制了你作为一个写作者的写作方式。太多的敬畏会让你陷入耗时且基本上很难被注意到的努力，更不用说会惹人厌烦；而太少的敬畏则会让读者迷惑、生气或疏远你。这两种语言风格都不是特别有效的商业策略。我认为最好的方法有以下三个方面：首先，确保你的文案读起来顺畅、意义清晰；其次，避免做任何你的读者会注意到并反感的事情；第三，请记住，如果你的文案效果不佳，那么你和你的文案都可能会被财务总监视为是可有可无的。

　　考虑到这些之后，你要如何说服你的同事好的文案比"完美"的语法更重要？因为我觉得这才是更大的挑战。你完全有能力在需要完美语法的时候用完美的语法写作，并且在需要打破语法规则的时候打破语法规则。问题是如何在你所在的组织提倡一种整体上的好的写作文化。在营销报告中炫耀性地指出被分开的不定式的人几乎每天都发送有错误的电子邮件。为什么不组织一次关于"如何写好电子邮件"的简短培训课程呢？我发现这种活动总能吸引人的注意力。你可以分享使用主动语态和短句的明智且易于实施的建议，温柔地揭示语法神话的真实一面，并将真相生动地印入同事的脑海中，使他们也开始向其他人重复他们所学到的东西。

测试你的知识 ✔

1. 什么时候你可以这样写："这不能是，我和妻子绝对想不到会这样"？

   a）永远不能

   b）如果说话的角色是没有受过语法教育的普通人

   c）如果首席执行官告诉你这么写

2. 判断良好语法的最佳器官是眼睛。对或错？

3. 可以用"但是（But）"开始一个句子吗？

4. 主谓必须始终保持一致。对或错？

5. 作者提到的关于语法的参考书叫作：

   a）《福勒现代英语用法》（*Fowler's Modern Usage*）

   b）《福勒现代英语语法》（*Fowler's Modern Grammar*）

   c）《咆哮者现代英语语法》（*Howler's Modern Usage*）

6. 你能举一个虚假的英语"规则"的例子吗？

7. 财务总监更关注利润而不是语法。对或错？

8. 按影响表意清晰的重要性降序排列这三种类型的错误（因此，最重要的错误排在最前面）：拼写、语法、标点符号。

9. 许多英语语法规则来自哪种语言的语法规则？

10. 一份文案允许使用怎样的写作手法应该由谁来决定？

练习 ⏱

练习 63：传播消息

让一些同事完成这个叫作"有点儿有趣"的测验。将结果列成一个表，并看看你得到了怎样的结果——你可能会感到惊讶。

练习 64：写满好语法的海报宝宝

研究下哪些英语语法规则是不可违背的，列一个表，让人把它们放进一张漂亮的海报里。在你所在的机构或公司中传播这张海报。

练习 65：还有一件事

想象一下，你正在与客户交谈。他们顺便提了一句，说除了以"和（And）"开头的句子，他们还挺喜欢你的上一封邮件的。首先写下你想对他们说的话，然后写下你认为你应该说的话。

练习 66：我对语法不感冒

写一些文案，故意写一些当你大声朗读时仍然听起来很自然的语法错误。

练习 67：所有人都登上语法训练的列车

为同事设计一个一小时的优秀写作研讨会。在内部进行推广并尽可能多地举办这种研讨会，但至少每三个月要举办一次，特别是为文案撰写新手举办。你将被视为专家，并且越来越少的人会想要"改进"你的语法。

练习 68：发现刻意为之的语法错误

你可以在以下段落中看出多少语法错误？

约翰把演讲给了莎莉和我。这是关于良好的语法。

如果我们之前不是好作者，之后肯定是。听了他问我和莎莉的问题后，我们都同意他成为公司的首席写作者。

第十二章　为销售宣传注入
生命力的古老方法

人永远无法理解他所没有经历过的事情，即便你将它摆在他面前。

——伊莎多拉·邓肯（Isadora Duncan）

简介

在本章中，我将向你呈现的写作技术包括我们已经谈过的视觉描述和讲故事的方法，以及使用真实的图像而不仅是文字。我们将研究如何戏剧化地以图像呈现你的产品承诺、产品能带给用户的好处或产品的独特卖点（USP）。从某种意义上说，这甚至超越了"展示出来，而不是说出来"。也许我们可以称之为"让客户身临其境，而不是展示"。我们的目标是让我们的潜在客户尽可能地去体验他们购买产品后的生活将会是怎样的。

具有讽刺意味的是，最容易使用戏剧化这种方法的产品可能是那些并不需要你这么做的产品。如果你正在销售高端钻石首饰，你可以用大使们的鸡尾酒招待会或舞厅吊灯照耀下的戏剧性画面来填满你的文案，但你真的需要这样做吗？你的客户可以自己完成这项工作。只需聘请一位优秀的摄影师就够了。如果是哈雷戴维森摩托车呢？你只需要一张66号公路的照片，再引用几句杰克·凯鲁亚克（Jack Kerouac）的文字；你甚至可能不需要摩托车本身出镜。只是一个类似"谁来驯服我？"的标题，中层管理人员就会纷纷拿好信用卡来排队了。

但是，如果你卖的东西不具备那么明显的戏剧性力量，你该怎么做呢？比如供应链软件或电动脱毛器。现在，你可能希望将客户的注意力从眼前的景色转移到远处的地平线上——首席执行官的办公室在那里招手，或者丝巾在婴儿般光滑的大腿上毫不费力地滑动。企业间电子商务（B2B）文案尤其迫切地需要一些新的方法，特别是考虑到许多公司仍把讲述产品带给用户的利益视为一种非常规的方法。

*

在本书中，我已经触及了修辞的概念。但古希腊人也同样是戏剧化的高手。虽然我并不是建议说我们应该让人"扯出自己的眼睛"或出卖色相，但是将你的产品或想法以一种戏剧化的方式帮助客户呈现出来，是很好的选择。

将想法戏剧化，意味着将该想法生动地呈现在读者的心中。所以你需要的不只是一张静态的画面，但也不一定需要创造一个完整的故事。

我们来举个例子吧。假设你正在营销一本新的电子书。这本电子书销量极佳，有一半的 Kindle 用户已经购买了。你可以这样写文案：

> 在我写信给你的时候，50% 的 Kindle 用户已经下载了这本电子书。

你说的是事实，但完全不能引人注目。

或者，你可以这样写文案：

> 想象一下，某天上班时你搭乘了一辆公交车。车上几乎坐满了人，但还有一个位置是空的。你坐下来，并开始在智能手机上查收电子邮件。就在这时你注意到了一件事。
>
> 公交车上的所有其他人都在他们的 Kindle 上阅读同一本书。的确，整辆公交车的人正在阅读凯迪·麦克威尔森（Cady McWilson）所著的《想有钱就有钱》（*Think Yourself Rich*）。你开始问自己，我是不是错过了什么？

现在你把统计数据戏剧化了，让数字变得生动起来。你的读者仿佛可以看到这辆公交车同时跟随你上车、坐下来、注意到其他乘客的迷你剧。

戏剧在文案中起作用的六种情况

有很多东西都可以被戏剧化。下面列举六种情况让你入门：

1. 低价格——与日常购买物品做比较。

2. 高价格——除以 365 天（一年中的天数），然后与低价格物品一样，与日常购买物品做比较。

3. 特色——"它不仅仅是防水的：你可以把它绑在石头上，从伦敦塔桥上扔下去，一周之后再把它捞上来，它仍然在运转。"

4. 保证——"如果它的表现与我承诺给你的不一样，那就不要给我寄回了。如果它有毛病，那我不想要它。拿一把你能找到的最大、最重的锤子，把它锤个粉碎。然后给我发封电子邮件，告诉我你已经这么做了。我会给你寄来一张支票。"

5. 使用者推荐——"我不希望你不得不依赖我说的话。所以我是这么做的——我随机给十个客户打了个电话，询问他们一个相同的简单问题：'你会再次购买这个产品吗？'你知道结果是什么吗？他们全部都说会再次购买。"

6.用户行为号召——"要订购，请将此表格撕下并寄回给我……"

试试这个：尝试戏剧化你的产品能够带给用户的最重要的好处。

使用动词将它以动作的形式表现出来。

如何通过三个简单的步骤来完成

任何戏剧的核心都是行动。我认为这同样适用于戏剧化你的销售宣传。你需要你的读者想象自己（或其他人）正在做某事。

第一步，选择一个动词。使它成为一个非常强大而具体的动词。不是在思考，而是在做。

这里有一个 100 个动词的列表，适用于许多不同的销售卖点：

表演	轻抚	找到
设置目标	咳嗽	固定
询问	裂开	拍打
猛击	蹲伏	炒
流血	紧缩	驰骋
吹	依偎	呆呆地看
沸腾	切	扭打 / 努力对付
打破	短跑	研磨
建立	喝	握
烧伤	驾驶	隐藏
收费	下降	击中
劈	吃	停止做
夹	跌倒	胡扯

跳跃	放松	挤
踢	将……撕成碎片	站
亲吻	跑	盯
笑	惊叫	击打
发射	摇	吞咽
舔	优雅地移动	摇摆
说谎	喊	撕开
举起	叹	扔
用力拖	唱	旅行
修补	坐	旋转
窥视	刹车	转动
挑选	省略	步行
确定……的标准	削减	看
采摘／解救	滑动	鞭打
戳	滑	耳语
刺	粉碎	扭
拉	微笑	搏斗
灌注	潜行	用约德尔唱法唱
拳打	打喷嚏	压缩
推	纺	
同……竞速	短跑	

第二步，创建一个故事发生的场景。在我上面所举的例子中，故事发生在一辆满载的公交车上。但故事也可能发生在教室、读者自己的家（或其中某个特定房间）、办公室、擦鞋店、快餐店、工作坊、火车站、音乐厅、车库、超市、街角、床、洞穴、树屋、海滩、酒店大堂……我想你一定明白了。

最好的故事场景是通用的，因此你的读者不会觉得太难想象。假如你选择生物技术实验室作为场景，你最好确保你的读者知道旋转木马和离心机的区别；假如你选择学校操场或海滩，这就是一个安全的选择，你的读者想象该场景时不会遇到任何困难。

第三步，将你的读者与你的产品一起放入设置好的场景，并让他们采取你预设的行为。

案例研究　坤帝科（Quintiq）管理简报

每个企业都有其规划难题，或者很大，或者很复杂，或者看似无法解决。坤帝科（Quintiq）的愿景是使用单一软件平台解决每一个问题。

内容营销是坤帝科（Quintiq）营销策略的重要组成部分。本文档是针对零售行业的一份管理简报。在本文档中，我们希望通过对客户需求的戏剧性再现来展现我们理解客户的痛苦，从而与客户建立良好的关系。

坤帝科（Quintiq）将其风格总结为 SLAPP——"像专业人士一样说话（speak like a professional person）"。这意味着使用简单的英语，但同时也为技术型客户提供了适当的词汇。

我将给你举另一个例子。我会使用上面提到的其中一个动词和一种故事发生的场景。我正在为业余爱好者销售一种新型圆锯。它有个独特的卖点，就是当它与皮肤接触时，会立刻停止工作。因此，即便你的手指挡住刀片了，也只会在手指上留下一个微小的划痕。

客户越来越难被取悦

就在不久之前，只要一天内到货，客户就满意了。现在呢，很多客户觉得 2 小时收到货的等待都太漫长了。客户期望知道快递到了哪里，也许他们还期望能将快递交给邻居签收，或者将快递改送到办公室而不是家里。

灵活的投递是客户服务的一部分。如果你不能满足是客户的期望，还有很多愿意满足你期望的竞争对手在虎视眈眈呢。

无论你是拥有自己的物流团队，还是将这项服务外包了，这都不重要。好的递送服务会为你的品牌增辉，反之亦然。

想知道如何通过提供完美的客户服务来使你的品牌增辉吗？请继续阅读，你将发现至关重要的 3 个步骤。

通过专注于满足零售客户越来越具体的需求，我们立刻与客户建立了融洽的关系，并将零售物流经理的工作挫败感戏剧化。

佳作：现在，这是一个我们的竞争对手会希望他们能够首先想到的安全功能。假设你正在切菜，门铃突然响了。有那么一秒钟的时间——说实话，往往就只需要一秒钟的时间——你的注意力被分散了。就在那一瞬间，你的手指滑到了刀刃前。假如你使用的是任何其他牌子的刀具，一次急诊室之旅是逃不掉的。而假如你使用的是 SlipStop 防误伤刀具，那么很可能你只需要一张创可贴就足够了。

试试这个：将产品能带给客户的好处戏剧化，那么无须冗长演讲，你的客户就能看到你的产品是如何让他们的生活变得更轻松的。

在某种程度上，这是故事讲述法的延伸。关键是要强调你想要强调的产品功能或好处，并且你应当不仅仅是描述，而是在客户面前呈现出这个功能或好处。

反例：顶点（Acme）奇妙小装置比钢铁还结实。

佳作：你的伴娘会感谢你提供了一条她们未来真的可以再穿的裙子。而另一个我们喜爱它的原因？当然是隐蔽的小口袋了。你可以把一些口红之类的小玩意儿随身携带，方便取用。（来自 J Crew 美国网站）

什么时候使用图片取代文字

在一本关于写作的书中谈论图片似乎有些奇怪。但作为写作者，我们最主要的关注点是——或许应该是——改变读者的行为，而不是写作。随着图片越来越容易获得和操纵，似乎渐渐不再有任何理由不将图片视为我们军械库的一部分，而不仅是设计师同事的特权。事实上，广告写作者在广告领域与艺术总监，在直效广告领域与平面设计师，以及在移动 / 在线领域与网页设计师之间，都始终存在着巨大的交集。

我相信，作为信息设计师，我们从一开始就应该通过视觉进行思考。除了谷歌赞助商链接（AdWords）、纯文本电子邮件和其他一些无图片的场合，我们编写的所有内容都有图片可以让你大展身手。想想吧，你可以行使权利而不用负责任，还挺不错的。你可以输入"老式自动点唱机变身为机器人的图像"，添加你的标题，然后某个不幸的家伙就必须花三天时间来实现你的想法。

说点正经的吧，与同事聚在一起对标志性图像进行头脑风暴，通常是创造出真正令人难忘的东西的好方法。我曾经与一位数据发布者进行过这种探讨，然后我们获得了这样一个创意——在一锅水和沙砾中显现出一个金色的标志。它最终成为那次宣传活动令人印象深刻的标志性图片。

每张图片都需要说明文字

在任何情况下，每张图片都需要与之相应的文案。图片需要说明文字、图片描述标签（Alt tag）、"手写"评论、下载说明和其他形式的极简文案（UBC，详见第六章）。猜猜谁负责撰写这些呢？让我们节省下用于讨价还价的时间和精力，来看看我们可以如何使用图像来促进销售吧。

人类主要是视觉生物。我们的视觉感知能力在避免捕食者、寻找食物和住所以及寻求配偶方面具有巨大的进化优势。因此，我们的基因决定了我们注定会首先去看，然后才去读。这就使得图片成为一种极好的——并且是极为简单的——吸引读者注意力的方式。因此我认为，我们呈现图片的主要目的就是吸引读者的注意力。

事实上，我过去曾经说过，在营销活动中文字比图片更为重要。但是我错了，或者至少是在某个特定情况下错了。

你可能知道，我创建了一个名为文案撰写者（CopyWriter）的应用程序。在应用程序商店里，它的描述性文案是：为你键入文案提示。这就是这个应用的作用。这是它的全部作用。没有任何一个地方写到它是一台打字机。

　　然而，我一次又一次地收到人们发来的电子邮件，他们向我抱怨（或者有时是咆哮）说"这个应用糟透了，我没法用它打字，没法键入任何内容"（或者类似意思的其他表达）。

　　我认为真相是人们看到屏幕上的图片——我承认，图片上的确精心重现了一台 20 世纪 70 年代的便携式打字机——然后想，"哦，一台打字机，我要下载一个"。因为该应用程序是免费的，所以他们只需点击"安装"即可。

　　他们想要购买的是他们从图片中读到的承诺，甚至连旁边的文字都懒得去读一读。

　　灯泡时刻：在没有可视图像的情况下，使用图像语言在客户的头脑中创建图像。

图片为文案增加价值的七个地方

　　这些例子恰恰证明了我的观点：图片非常适合沟通信息。以下精选了几个图片为销售文案添彩的例子：

1. 关于我们——员工传记

　　我不了解你会怎样做，但每当我要（有时是应客户的要求）研究一家公司时，我总是会点击"关于我们"这个页面。那些包括员工传记的页面就分为两种：有图片的和没有图片的。

　　没有图片的页面看起来挺奇怪的。给我的感觉几乎就是该公司正在向我隐瞒他的员工。即便员工传记的文字很有趣，但我仍然需要看到他们的面孔。这是一种人类的本能。我们的基因决定了我们总是在寻找和注视人脸，尤其是眼睛。

2. 待售产品

为什么不向客户展示你建议他们购买的产品呢？我知道这听起来很显而易见——并且我也承认已经在其他书中强调了这一点——但是我仍想重申：人们希望看到他们付钱获得了什么。如果你销售的是服务，可以向客户展示提供服务的人。如果你销售的产品是无形的，甚至都并不由人提供，也可以展示一个正在享受服务的用户。

不要陷入这些陷阱（在本书的其他地方已经提到过）：不要假设你的产品很无聊（对你的客户而言并非如此），或者图片也同样无聊。记住，你不是要将产品卖给你自己。

3. 用户推荐

很多公司都使用了用户推荐。但有多少人在文案中呈现出用户的照片了呢？或者，有一种更好的方式，就是将整个用户的推荐做成一段影片？正如我上面提到的，我们的基因决定了我们总是在寻找人脸并做出回应。

4. 注册页面

如果你的网站上有注册表单，请考虑添加图片。图片可以呈现会员在注册时能够获得的免费礼物，也可以是一张直接注视着会员的人脸。

在一次广告宣传活动中，我用各种图像做了实验，包括免费礼物的包装照片，以及在模糊的学术环境中对男性与女性"学生"照片进行的 A / B 测试。结果是女学生的照片令人信服地胜出了。所以最后我选用了一张女学生从书架上取出文件夹的照片。

5. 订单表格

订单表格至关重要，特别是在线的订单表格，因为此时客户与你的银行余额之间的联系相比传统场景要更为微弱一些。如果你正在尝试降低客户的订购放弃率，请考虑在订单的勾选框旁边放置一张图片。通过这种方式，你向客户展现了他们所面临的问题的解决方案，从而将他们的注意力从付钱的想法中拉了出来。

6. 社交媒体更新

我还记得曾几何时大多数社交媒体网站都是纯文字的。现在呢，图像遍布社交媒体，就像皮疹一样。即使有时只需要文本更新就足够了，精明的社交媒体用户依然在添加图像，只为让他们的更新看起来更为有趣。

7. 销售信

每个人都在谈论那封20亿美元的销售信。1974年，自由写作者马丁·康罗伊（Martin Conroy）在布鲁斯·巴顿（Bruce Barton）的一篇很短的早期文案的基础上撰写了这封纯文字的销售信。在随后的 28 年中，该销售信击败了所有其他测试版本，为《华尔街日报》（*Wall Street Journal*）的出版商们带来了 20 亿美元的销售收入。

直到 2002 年，该销售信才在一次测试中被马尔·德克尔（Mal Decker）的文案击败。后者做了两个值得注意的改变。首先，他将这封销售信的长度增了一倍，从两页增加到四页。其次——也是我在这里提到这个例子的原因——他在文案中加入了《华尔街日报》的样张图片。因此，当你在应用程序商店（App Store）或其他地方为自己的产品做营销活动时，有以下几点值得考虑。

关于图像，你需要问自己的三个问题

1. 如果你正在使用图像，它是否准确传达了产品对客户的承诺？ 图片和文案传达的内容是否有冲突？

2. 如果你没有使用图像，为什么不呢？ 图像非常强大，可以激励潜在客户采取行动。

3. 如果你正在使用的图片与产品无关，为什么这么做呢？将你的标题做成插画，比如说用柔体杂技演员的图片来配"我们会拼命（不惜向后弯腰）帮助你"，并不会让读者更容易说"好的"并采取行动，只会让他们说："我明白了！"

蜥蜴： 你不是必须使用图像，但是我们会本能地对图像做出回应，因此请确保你有充分的理由不去利用这一点。

使用图像的强大功能来吸引读者，然后使用强大的标题进一步吸引他们。

从理论到利润

戏剧化不再只是一种语言花招，而是整体销售宣传中的一种独特方法。你不是在销售某个产品，而是在销售拥有该产品的体验。这个方法肯定比我摆在你面前的其他方法更具吸引力。所以也许你需要感受一下自己要怎么去使用戏剧化的方法。与其大改整个文案，为什么不从小的地方开始，为你的网站或下一个销售活动写一段以戏剧化为核心方法的文案呢？它可能只有 HTML 电子邮件或销售信里的一个页面或者一个文本框那么长的篇幅。重点是，它将很有效，如果再配上一个引人注目的标题，就更能吸引读者的眼球了。然后，随着你能更娴熟、更有信心地使用该方法，你可以尝试写一整篇围绕戏剧化方法展开的文案。

审视一下你所在的公司。你们目前是如何使用图像的？是否使用了任何原创或独特的方法，还是淹没在图书馆图像的海洋之中？图像针对的用户是谁？营销部门？董事会？还是你的客户？举一个例子：有一家大型慈善机构向我征求意见，该机构试图让农民参与其使命。在一个工作室里，我在墙上贴了两排图像。上面一行是慈善机构针对农民的营销材料中使用的图片：

25 只鸟。下面一行则是那一周的《农民周刊》中的广告图片：25 台拖拉机。确保你用选择文字的方式来选择图片——根据它们与客户的相关性以及在传达销售信息上的有用性来选择。

测试你的知识 ✔️

1. 你需要用什么词语来戏剧化你的观点？

　　a）动词

　　b）名词

　　c）形容词

2. 你可以使用以下哪种方式将产品给用户带来的好处戏剧化：

　　a）动作

　　b）行动

　　c）紧张

3. 描述一种戏剧化高价格的技巧。

4. 沃特金斯（Watkins）奇妙小装置比其主要竞争对手牢固 50%。这是戏剧化吗？

5. 补全这个戏剧化的口号：_____，而不是展示。

6. 为什么图像更容易抓住我们的注意力？

　　a）因为我们的眼睛能够处理多达 3 000 万种不同的颜色

　　b）因为互联网缩短了我们的专注时间

　　c）因为图像赋予我们进化优势

7. 列举三种写作者可以使用以增强图像效果的方式。

8. 图像的主要目的是什么？

9. 在什么情况下使用图书馆图像是个好主意？

　　a）当你既没有时间也没有预算来委托原创摄影或插图时

b）当原创性不是很重要时

c）当你在为博客文章配插图时

10. 如果不使用图像，则无法实现销售。对或错？

练习

练习 69：为某个特色撰文

选择一个产品。选择它能给用户带来的最重要的好处。使用我们在上文中所提到的三步法，写一段文案来戏剧化这个好处。

练习 70：戏剧化的标题

为你在上一个练习中所写的文案撰写一个标题。使用强动词来开始这个标题。

练习 71：谢幕

围绕你在上两个练习中想出的戏剧化的主题，写一则用户行为号召。但不要使用"订购"这个词。

练习 72：从你的头脑到朋友的眼睛

写一些描述性的文案，来详细地描绘一个地方、一个人或一件事物。让你的朋友或同事阅读文案，然后让他们用自己的语言来描述出——或者最好是让他们画出——他们所"看到"的内容。比较一下它们与你在自己脑海中看到的东西有多接近。

练习 73：可视化的草稿

下次当你起草一份文案时，不要从字词开始，试着从图像开始。大致定下文案的结构，然后，在键入具体的字词之前，请想一想你可以用怎样的图像来使你的文案生动起来。产品的图片？人的照片（这总是不错的）？图表？在开始写作的同时就开始寻找并使用这些图片。要记住为你选择的每张图片写上说明文字、图片描述标签（Alt tag）和其他相关文字。

练习74：无处不在的图片

查看你网站上的所有图片。它们存在的意义是什么？它们的作用是什么？它们展示了你的哪一面？要诚实。

附录 "测试你的知识"答案

第一章 利用文案诉诸情感的力量来说服你的潜在客户

1. 边缘系统。

2. 人们仅根据情绪做出决定，然后使用信息验证他们的决定。

3. 躯体标志是指身体的特定状态，例如焦虑以心率增加、出汗和恐惧感为标志。

4. 错。你可以在对你所销售的产品没有强烈的情绪时诉诸情绪地写作。

5. 你的潜在客户目前感受到的情绪被称为稳态情绪。

6. 情绪对人类如此重要，因为它们承载了进化优势。

7. 六种一级情绪（普遍情绪）是：快乐、悲伤、厌恶、愤怒、恐惧和惊讶。

8. 有许多二级情绪（社交情绪），包括：信心、羡慕和内疚。

9. 自负不是三级情绪（背景情绪）。

10. 错。所有营销人员都需要考虑客户的情绪。

第二章 在盈利前你应该使用的三大想法

1. 错。承诺不必包括详细解释这个承诺将如何被实现。承诺本身就是一种吸引技巧。

2. 错。你必须遵守你的承诺。

3. 承诺的形式触发了好奇这种人类情绪。

4. 承诺是将社会联系在一起的纽带的一部分。

5. 你给读者一道命令时，这种写作风格叫作：祈使语气。

6. 稀缺的特性使得人们如此渴求秘密。

7. "好色的（prurient）"这个词的词根是"痒（itch）"。

8. 对。以下标题是用了"秘密"这个概念：她成了一名收入有六位数的文案写作者，却永远不会告诉你她是如何做到的。

9. DLS 的意思是"肮脏的小秘密（dirty little secrets）"。

10. 当我们得知了某个秘密时，归属的需求以及社会地位需求被满足了。

11. 以下哪些不是故事的关键要素：对话。

12. 当我们聆听故事时，大脑边缘系统会有所回应。

13. 讲述一个假设的（即尚未发生的）故事时，你应使用现在时。

14. 讲故事的技巧包括：简洁犀利的风格、对话、惊讶、打动人心的细节、人物素描、悬念和现在时。还有其他的讲故事技巧。

15. 行动推动故事发展。

第三章　让客户产生共鸣

1. 五个P是个人的（Personal），愉悦的（Pleasant），专业的（Professional），真诚的（Plain），有说服力的（Persuasive）。

2. 你创建的角色是人物角色。

3. 对。你可以写出真正个人化的却非个人专用的文字。

4. 永远不要告诉读者你正在向不止一个人写信。

5. 不要太担心"你"在句子中出现的次数，按照你的需要使用就好。

6. 约翰·卡普斯的为治疗疝气的药所写的广告标题是《疝气》。

7. 寻找更好的捕鼠器的人真正需要的是房子里不再有老鼠。

8. 约瑟夫·休格曼认为吸引力是标题的唯一目的。

9. 产品功能列表不适合你在这种风格的文案中使用。

10. 在凌晨三点，你的潜在客户最可能为他们的问题而忧虑。

11. 你的读者会问你如下这些问题：

    1）你为什么想要见我？

    2）你想与我谈些什么？

    3）你怎样让我相信我可以信任你？

    4）你打算怎样让我的生活变得更好？

    5）你能证明它会起作用吗？

    6）有其他人使用过这个产品吗？

    7）我要怎样购买它？

    8）如果我对它不满意呢？

12. 文书助手（amanuensis）的意思是帮助他人写字（打字）的人。

13. 大卫·麦肯兹·奥格威和约翰·卡普斯都是认同"文案的内容比其形式更为重要"这种文案理念的人。

14. 你必须了解什么吸引你的客户。

15. 能找到更多赛马爱好者的最佳地点是赛马场跑道。

第四章　恭维是无所不能的

1. 恭维可以满足的人类需求是：自尊和他人的尊重。

2. 在文案的开头使用恭维最为理想。

3. 对。恭维只在适用于读者本身情况的时候有用。

4. 谈到好感时，罗伯特·B.西奥迪尼认为人们倾向于服从三种人：让我们笑的人，赞美我们的人，身体上对我们有吸引力的人。

5. 人们喜欢被提供升级服务，其背后的情绪反应是：让人们对自己感觉良好。

6. 经常买家俱乐部不会成为奢侈品宣传计划的标题。这个词的交易感太过明显。

7. 奢华的东西值得你为它支付相应的价格，高价的东西不值。

8. 如果你的客户对价格太高有所不满，你应该向他们展示产品的价值。

9. 可以采用奢华交易方法的最佳产品是有一定的成本且价格昂贵的产品。

第五章　诉诸情绪的文案：源自古希腊的秘密

1. 逻辑证明（Logos）是指你的论证。

2. 亚里士多德曾向亚历山大大帝提过建议。

3. "我迫切想要与你分享这个"是诉诸情绪要素的说服方式。

4. 对。进行逻辑论证会完善你在读者心中的品格。

5. 如果产品能给用户带来的利益是情感证明（Pathos），那么产品的功能则是逻辑证明（Logos）。

第六章　社交媒体上的文案撰写与读者联系

1. 人类是社会性的动物，所以如此喜爱社交媒体。

2. 社交媒体网站发帖的黄金法则是：如果某句话你不喜欢在办公室外面的海报上读到，那么就任何时候都不要说出口。

3. 如果你的关注者知道你在开玩笑，这时可以发布不完全正确的东西。

4. 你应该尽可能地遵循品牌指导方针。

5. 错。在社交媒体中，旧的商业规则依然适用。

6. 电子邮件主题行的理想字符长度是 29~39 个字符。

7. 在主题行 A/B 对比测试中，在主题行中使用名字能提高客户的邮件打开率。

8. "点击诱饵"标题背后的驱动情绪是好奇心。

9. 在极简文案（UBC）中使用的最佳标点符号是句号。

10. 主题行《背痛？试试这个"荒谬"的治疗方法》看起来最有可能打

败其他主题行，因为它的关键词在句首，并且长度合适；使用问号；
使用讲故事的技巧；使用引号以及提供了承诺。

第七章　是的！我想要能让你下订单的最佳忠告！

1. 因为"如果"这个词暗示了作者内心存在疑虑。

2. 可以在用户行为召唤中使用情感。

3. 首先写下你的用户行为号召。（首先的意思是，在你有了计划之后，
   把它作为第一步。）

4. 对。撰写用户行为召唤中的最佳方式是从客户的角度出发。

5. "购买"不是诉诸情绪的词语。

第八章　文案写作者的五种让人愉悦的技巧

1. 格（metre）是文案的格律。

2. 头韵（alliteration）是两个或更多连续出现的词以相同的辅音字母开头。

3. 错。没有必要把文案中所有的句子都限制在 8 到 12 个字（英语是 5
   到 8 个单词）之间。

4. 对。隐喻和明喻都是视觉语言的形式。

5. "性"这个词会抓住大多数读者的注意力。

6. 偶然的重复是不好的，因为会分散读者的注意力。

7. 一组重复的理想次数是三次。

8. 错。重复适用于单个单词、音节、首字母以及完整的短语。

9. 当你故意重复时，你的读者会发现一种模式。

10. 最早有意识地在辩论中使用重复这个修辞方法的是古希腊人。

11. 在使用修辞手法时加上引号，如"双刃剑"，这样做是个糟糕的主意，
    因为这会将读者的注意力吸引到你的写作上，而不是你传达的内容上。

12. 删除使"我们"快乐的文章段落的行为被称作"谋杀你的宝贝"。

13. 当你想让读者笑的时候，你可以在文案中使用幽默。

14. 你的客户是你唯一的写作对象。

15. 可以说"我们把谚语中所说的马车放到马的前面（本末倒置）"。只是没有必要这么说。

第九章 如何使用想象力、释放创造力

1. 你可以使用以下测试来为创造性思维做准备：操场测试、用户测试、"我知道自己在说什么吗？"测试以及计划测试。

2. 可以用来构思新创意的技术包括单词关联法、文字游戏以及列出文化参考资料。

3. 在你把想法写下来之前，你永远都不应该判断它。

4. 为了激发新的想法，你可以换个时间、换个地方或换种工具。

5. 使用铅笔和纸张是获得创意的有效方式，因为它可以让你摆脱空白电脑屏幕的压力，因为使用铅笔比敲击键盘用到更多的肌肉。你也可以更快地记录想法和图像，并且如果你把一些内容划掉了，你仍然可以看到它们。

6. 完成视觉文案撰写的简单方法：展示出来，而不是说出来。

7. 形容词是用来添加信息的，而不是用来强调的。

8. 安东·契诃夫曾说："不要告诉我这是夜晚，让我看到月亮反射在一块玻璃上。"

9. 错。你不需要情绪化就能表达情绪。

10. 错。商对商（B2B）和商对客（B2C）行业的文案写作者都可以从尝试使用自己的产品中受益。

第十章 发现你的声音（和其他人的）

1. 写作风格的不同方面包括句子的长度、外来词汇、长词、准宗教语

言、疑问尾句、人称代词、老式用语、俚语、行业术语、标点符号、为读者写插入语、正式和非正式语言的切换、引用、机智／幽默、故意使用糟糕的语法、孩子般的措辞、节制而非大胆、大胆而非节制、态度、超现实。

2. 商标风格是一种很好的写作方法，只要它们被适度使用。

3. 当你应当隐形于文案后的时候，你应该避免独特的个人风格。

4. 能让你听起来显得受过良好教育的写作方法包括句子的长度（长句）、标点符号（复杂的）、外来词汇、长词和引用。

5. 能让你听起来俏皮有趣的写作方法包括疑问尾句、俚语、为读者写插入语、正式和非正式语言的切换、机智／幽默、故意使用糟糕的语法、孩子般的措辞和超现实。

6. 判断一篇文章语调的最简单方法是大声朗读它。

7. 错。当你表达情绪或态度时，只有 7% 的想法是通过你选择的文字传达的。

8. 错。真实不是一种语调。

9. 能让你的语调听起来友好的技巧包括使用个人化用语、日常用语、礼貌用语和简单的语法。

10. 激发（他人的情绪）比表达（自己的情绪）更好。

第十一章　判断语法何时在文案中是重要的

1. 如果说话的角色是没有受过语法教育的人，你可以这样写："这不能是，我和妻子绝对想不到会这样。"

2. 错。判断良好语法的最佳器官是耳朵。

3. 可以用"但是（But）"开始一个句子。

4. 对。主谓必须始终保持一致。

5. 作者提到的关于语法的参考书叫作《福勒现代英语用法》（*Fowler's*

Modern Usage）。

6. "你不能将不定式分开""你不能用介词结束句子""你不能用和（And）开始句子"。这些都是虚假的英语"规则"的例子。

7. 对。相对语法而言，财务总监更关注利润，但他们也关注语法。

8. 按影响表意清晰的重要性降序排列这三种类型的错误：语法、标点符号、拼写。

9. 许多英语语法规则来自拉丁语的语法规则。

10. 一份文案允许使用怎样的写作手法应该由读者来决定。

第十二章　为销售宣传注入生命力的古老方法

1. 使用动词进行戏剧化。

2. 通过使用行动来将产品给用户带来的好处戏剧化。

3. 高价格物品可以使用的一种技巧是：除以 365 天（一年中的天数），然后将其价格与日常购买物品做比较。

4. 沃特金斯奇妙小装置比其主要竞争对手牢固 50%。这不是戏剧化。改成这样会更好：沃特金斯奇妙小装置最大承重是 6 匹马，而其竞争对手的最大承重只有 4 匹马。

5. 让客户身临其境，而不是展示。

6. 图像更容易抓住我们的注意力，这是因为我们的视觉感知能力在避免捕食者、寻找食物以及寻求配偶方面具有巨大的进化优势。

7. 文案撰写者可以通过为图像增加说明文字、图片描述标签、"手写"评论、下载说明等方式来增强图像的效果。

8. 我们呈现图像的主要目的就是吸引读者的注意力。

9. a）当你既没有时间也没有预算来委托原创摄影或插图时；

　　b）当原创性不是很重要时；

　　c）当你在为博客文章配插图时。

10. 错。你可以在不使用图像的情况下实现销售。

你做得怎么样？

将所有正确答案的数目加起来。对自己慷慨一些；如果你认为你的答案比我的答案好，或者同样有效，请给自己一分。

将总数除以 125，再乘以 100，这就是你的得分（满分为 100）。你的分数越高越好。

本书中"案例研究"的文案主要由安迪·马斯伦及乔·凯利（来自"太阳鱼"写作机构）撰写。Quad 和 Inspire 由来自美国芝加哥的自由写作者娜塔莉·缪勒创作；CareSuper 由来自澳大利亚 Wellmark 的文案负责人瑞安·沃曼博士撰写；Lidl 由杰里米·卡尔和 TBWA / The Disruption Agency 团队撰写。

致　谢

　　任何自称是写作者的人都应该感谢那些让自己的工作成为可能的人。以我自己为例，这是指一群给我灵感和挑战的聪明人——我很自豪地将他们称为我的客户。谢谢你们。Jo Kelly 是我长期以来的合作者，也是 Sun Fish 的创意总监。我欠她的恩情是如此之巨大，我很可能永远无法偿还，但我正尽力而为。我还要感谢 Sun Fish 的整个团队，包括我的同事们：Darren Bennett，Nick Carpenter，Jo Ciriani，Richard Harrison，Jane Kingsmill，Sarah Russell，Laura Silcock，Tim Treslove 和 Katherine Wildman。

　　没有一本关于文案的书是独一无二的，所以我对那些多年来一直通过他们的著作启发我的作家们深表感谢。由于人数众多，无法一一提及，但 David Ogilvy，John Caples，Drayton Bird，Antonio Damasio 和 Steven King 是需要特别感谢的。

　　我还要感谢那些慷慨授权或安排授权，允许我在本书中展示他们策划的广告活动的人们。他们分别是 Vanessa Armstrong，David Bateman，Mark Beard，Bill Brand，Dave Cates，Jason Coles，Mark Dibden，Neda Hashemi，Henrik Knutssen，Sophie Lambert-Russell，Natalie Mueller，Gerard O'Brien，Charlotte Poh（她还为本书本身贡献了极好的创意），Ryan Wallman 和 Gabrielle de Wardener。

　　当我着手写这本书的时候，我向我文案学院的成员们征询了关于如何使本书对读者更有用的建议。许多人都花时间提出了建议，我在此一并向他们表达感谢。其中有些人的想法脱颖而出，值得特别感谢，他们是：Mary Clarke，Derek Etherton，Elizabeth Harrin，Matthew McMillion，Dale Moore，Les Pickford 和 Gary Spinks。

感谢 Sian Lewis 精辟和发人深思的前言。此外，也非常感谢 Helen Kogan，Melody Dawes，Géraldine Collard，Jenny Volich，Jasmin Naim，Katleen Richardson，Stefan Leszczuk，Megan Mondi 以及其他 Kogan Page 的同事们。

最后，我要向家人致以最深切的谢意，感谢他们的支持、耐心和爱心。

图书在版编目（CIP）数据

如何写出高转化率文案 /（英）安迪·马斯伦
(Andy Maslen) 著；邱匀译 . -- 郑州：大象出版社，
2019.11
　　ISBN 978-7-5711-0284-5

　　Ⅰ . ①如… Ⅱ . ①安… ②邱… Ⅲ . ①广告文案—写
作 Ⅳ . ① F713.812

　　中国版本图书馆 CIP 数据核字 (2019) 第 186177 号

PERSUASIVE COPYWRITING: USING PSYCHOLOGY TO ENGAGE,
INFLUENCE AND SELL
By ANDY MASLEN
Copyright © ANDY MASLEN 2015
This edition arranged with KOGAN PAGE
Through Big Apple Agency, Inc., Labuan, Malaysia.
Simplified Chinese edition copyright:
2019 Ginkgo (Beijing) Book Co., Ltd.
All rights reserved.

本书中文简体版由银杏树下（北京）图书有限责任公司出版。

著作权合同备案号：豫著许可备字 –2019–A–0102

如何写出高转化率文案

RUHE XIE CHU GAO ZHUANHUALV WEN'AN

[英] 安迪 · 马斯伦（Andy Maslen） 著
邱匀 译

出 版 人　王刘纯
责任编辑　杨 兰　张 琰
责任校对　安德华　牛志远
书籍设计　兒日设计 · 倪旻锋
出版发行　大象出版社（郑州市郑东新区祥盛街 27 号　邮政编码 450016）
　　　　　发行科　0371-63863551　总编室 0371-65597936
网　　址　www.daxiang.cn
印　　刷　北京天宇万达印刷有限公司　电话：010-80215076
经　　销　全国新华书店
开　　本　690mm × 960mm　1/16
印　　张　16.5
版　　次　2019 年 11 月第 1 版　2019 年 11 月第 1 次印刷
定　　价　48.00 元

若发现印、装质量问题，影响阅读，请与承印厂联系调换。